Nicola König

Literatur-Kartei:
„Das Austauschkind"

Diese Literatur-Kartei bezieht sich auf das Jugendbuch „Das Austauschkind" von Christine Nöstlinger, erschienen beim Beltz Verlag, Weinheim und Basel 1995.
ISBN 3-407-78198-9

Das Titelbild entstand unter Verwendung der Umschlagillustration der Taschenbuchausgabe des Beltz Verlags von 1995 (Einbandbild von Axel Scheffler).
Wir bedanken uns herzlich beim Beltz Verlag für die freundliche Genehmigung und die gute Zusammenarbeit.

Verweise auf mögliche Neuauflagen des Jugendbuches finden Sie auf unserer Homepage unter
www.verlagruhr.de

Verlag an der Ruhr

Impressum

Titel:	**Literatur-Kartei:** **„Das Austauschkind"**
Autorin:	Nicola König
Illustrationen:	Jens Müller
Druck:	Druckerei Uwe Nolte, Iserlohn
Verlag:	**Verlag an der Ruhr**

Verlag an der Ruhr
Alexanderstraße 54 – 45472 Mülheim an der Ruhr
Postfach 10 22 51 – 45422 Mülheim an der Ruhr
Tel.: 02 08/439 54 50 – Fax: 0208/439 54 39
E-Mail: info@verlagruhr.de
www.verlagruhr.de

© **Verlag an der Ruhr 2003**
ISBN 3-86072-769-9

geeignet für die Klasse

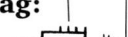 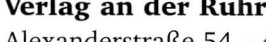

5 6 7 8 9 10

Die Schreibweise der Texte folgt
der reformierten Rechtschreibung.

**Ein weiterer
Beitrag zum
Umweltschutz:**

*Das Papier, auf das
dieser Titel gedruckt ist, hat
ca. **50% Altpapieranteil,**
der Rest sind **chlorfrei**
gebleichte Primärfasern.*

Inhalt

Liebe Leserin,
lieber Leser,

im Alter von 11, 12 und 13 Jahren steht man dazwischen – ist kindlich und erwachsen zugleich, sucht die große Freiheit und benötigt gleichzeitig Unterstützung und Zuwendung, möchte alles alleine machen und erfährt doch beständig die eigenen Grenzen. Man geht eigene Wege, ohne genau zu wissen, wohin sie führen. Konflikte mit Eltern, Lehrern, Klassenkameraden und Freunden dominieren den Alltag.

Ähnlich ergeht es auch Ewald Mittermeier in Christine Nöstlingers *Austauschkind*. Er schafft es nicht, seine eigenen Interessen durchzusetzen, und es fällt ihm schwer, sich gegen die Ansprüche seiner Eltern zu wehren: Warum beispielsweise wollen sie immer das Beste für ihn und warum braucht er dazu einen Freund? Warum muss die Mutter beim Englischlehrer um eine bessere Note betteln und warum ist der Vater unfähig, ihn aufzuklären?

Bis Ewalds Eltern beschließen, für einen Sommer einen Austauschschüler einzuladen, um Ewalds Sprachkenntnisse zu verbessern, verläuft der Alltag der Mittermeiers spießbürgerlich und geregelt. Doch als statt des angekündigten gut-erzogenen Tom der übellaunige, stets Ketchup essende, Steine sammelnde Jasper ankommt, stehen die Familie und ihre Erziehungsprinzipien Kopf.

Mit dem *Austauschkind* hat Christine Nöstlinger eine ebenso einfühlsame wie unterhaltsam-spannende Geschichte über Freundschaft und Liebe, Eltern-Kind-Konflikte, das Scheitern von Beziehungen und das Leben weg von zu Hause verfasst.

Die vorliegende Literatur-Kartei richtet sich an Schülerinnen und Schüler der **Klassen 5 bis 7**. Die Arbeitsblätter beziehen sich auf wichtige Fragen rund ums Buch und greifen in kreativen Aufgaben die von Nöstlinger vorgegebenen Themen-komplexe auf:

▶▶

„Ich habe schon als kleines Mädchen die Kinder verabscheut, die beim Spielen die Lehrerin sein wollten. Ich bin Kindern gegenüber immer kindisch geblieben."

Christine Nöstlinger

TIPP:
„Das Austauschkind"
gibt es auch als Hörbuch

Christine Nöstlinger,
Das Austauschkind,
1 Kassette,
Erzähler: Max Müller,
Jumbo Neue Medien, 1996.
ISBN: 3-89592-068-1

▶▶

- Rund ums Buch
- Ewald – eine Person stellt sich vor
- Weg von Zuhause – der Austausch
- Darüber lässt sich streiten – Erziehung
- Freundschaft

Mit diesen Materialien können Sie:
- den **Unterricht** sowohl in einzelnen Phasen als auch über einen längeren Zeitraum **offen gestalten** und
- die **Lesefähigkeit** Ihrer Schüler und damit auch ihr **Leseverständnis** fördern.

Die einzelnen Materialien sind so konzipiert, dass sie sich im Rahmen von Unterrichtsphasen, die stärker vom Lehrer gelenkt werden, ebenso einsetzen lassen wie im offen gestalteten Unterricht. Durch zahlreiche Arbeitsbögen werden den Schülern zudem Methoden vermittelt, die ihnen auch im Umgang mit unbekannten Texten ein möglichst **eigenständiges Verstehen** erleichtern. Wenn die Schüler beispielsweise aufgefordert werden, die Kernaussagen einzelner Kapitel herauszuarbeiten, so wird dadurch ihre Lesekompetenz gefördert.

Fächerübergreifende Ansätze, die vor allem auf die Fächer Englisch und Kunst ausgerichtet sind, ermöglichen zudem ein ganzheitliches Verstehen des Romans; entsprechende Arbeitsbögen finden sich vor allem im dritten Kapitel der Literaturkartei.

Der didaktisch-methodische Schwerpunkt der Materialien liegt auf dem Konzept des **produktiven Umgangs mit literarischen Texten:** Das Verstehen eines Textes funktioniert immer über den Vergleich der im Text geschilderten Erlebnisse und der dort dargestellten Welt mit den eigenen Erfahrungen des Lesers und seiner Welt. Durch diesen Vergleich ist es möglich, sich besser in den Text einzufühlen und gleichzeitig die auf die eigene Welt beschränkte Sicht durch fremde Erfahrungen zu erweitern. Der Leser kommt so in einem produktiven Prozess dem Text und sich selbst näher. Auf diese Weise lässt sich nicht bloß die inhaltliche Seite des Textes, sondern auch sein formaler Aufbau erschließen.

Erst wenn der Schüler selbst schreibend erprobt hat, was es beispielsweise bedeutet, eine Szene aus der Sicht einer anderen Person zu beschreiben, kann er den Unterschied zwischen der Figur des Autors und der des Erzählers nachvollziehen.
Zudem findet er durch das Verfassen von Antwortbriefen und Textvariationen sowie durch die Durchführung von Rollenspielen und Interviews einen lebendigen Zugang zum vorliegenden Buch. Sprachkompetenz, Textverständnis und Schreibfähigkeiten werden geschult. Hintergrundinformationen zu Schüleraustausch, Leben in der Fremde und Erziehung regen zur intensiven Auseinandersetzung mit wichtigen Themen des Romans an. Bei den einzelnen Arbeitsbögen, Aufgaben und Anregungen steht stets die Freude an der Literatur, am Schreiben, Lesen und Darstellen im Vordergrund.

Den Arbeitsblättern vorangestellt ist ein **Arbeits-Pass** zu Christine Nöstlingers *Austauschkind,* in dem die einzelnen Arbeitsblätter in grundlegende und zusätzliche/freiwillige Aufgaben unterteilt sind. Diese Übersicht kann als Grundlage für die **Freiarbeit der Schüler** genutzt werden. Wichtig ist, dass die Schüler sich ihre Arbeit gut einteilen – dazu gehört auch die Lektüre des Buches. Ein Teil der Aufgaben kann zu Hause, ein Teil in der Klasse bearbeitet werden.

Auf dem Arbeitsblatt **Das Zeilometer** (S. 12) wird erklärt, wie sich die Schüler eine eigene *Austauschkind-Mappe* anlegen können. Alle erledigten Aufgaben sollten in diese Mappe abgeheftet werden. Die den Arbeitsblättern vorangestellte **Checkliste** hilft, diese Mappe sinnvoll zu ordnen. Die fertige Mappe wird vom Lehrer eingesammelt und bewertet.
Arbeits-Pass und Checkliste dienen dem Schüler zur Kontrolle und können vom Lehrer als Bewertungsgrundlage genutzt werden.

Literatur-Kartei: *„Das Austauschkind"*

Arbeits-Pass 1 von ______________________

Grundlegende Aufgaben

Aufgabe erledigt am:

- **Erzähle eines der folgenden Kapitel nach: *„Sonntag, 19. Juli“, „Montag, 20. Juli“, „Samstag, 25. Juli“, „Sonntag, 26. Juli“*. Überlege dir vorher genau, was alles in eine Nacherzählung gehört und wozu sie dient.** [ ]
- **Der Verlag möchte für eine neue Auflage ein neues Titelbild verwenden. Entwirf es und benutze es als Deckblatt für deine Mappe.** [ ]
- **Suche dir ein Kapitel aus dem Buch aus, das dir besonders gut gefällt, und erkläre, warum es dir besser gefällt als die anderen.** [ ]
- Das Zeilometer [ ]
- Christine Nöstlinger – eine Autorin stellt sich vor [ ]
- Arbeit mit dem Text [ ]
- Ewald – ein Rollenprofil [ ]
- Ewald – ein Eigenbrötler (1) [ ]
- Perspektivenwechsel (1) + (2) [ ]
- Der erste Tag mit Jasper – eine Familie steht Kopf (1) [ ]
- Jasper [ ]
- Ein Interview mit Familie Mittermeier [ ]
- Erziehungsprinzipien – oder: Wie Ewald und Bille erzogen werden [ ]
- Aufklärung – ohne Worte [ ]
- Die Ohrfeige (1) [ ]
- Ein nächtliches Gespräch [ ]
- Auf dem Weg zu einer Freundschaft (1) + (2) [ ]
- Jaspers Vergangenheit erklärt vieles (1) + (2) [ ]
- Jemanden mögen, ohne ihn zu verstehen … [ ]
- Das Beste für Jasper [ ]
- Der Abschiedsbrief (1) + (2) [ ]
- Die Verlobung [ ]
- Ein Jahr später [ ]

Arbeits-Pass 2 von _____

Zusätzliche / freiwillige Aufgaben

Aufgabe
erledigt am:

❊ Der Buchtipp

❊ Leser sein (1) + (2)

❊ Autor – Erzähler – Figur: Wer erzählt eigentlich die Geschichte? (1) + (2)

❊ Du über dich – ein Fragebogen (1) – (3)

❊ Ewald – ein Freund? (1) + (2)

❊ Ewald – ein Eigenbrötler (2)

❊ Eine Figur nimmt Form an: Das Standbild

❊ Der Schüleraustausch (1) – (3)

❊ Der erste Tag mit Jasper – eine Familie steht Kopf (2)

❊ Denglisch

❊ Die Reiseroute

❊ Auf der Reise – die zweite Halbzeit mit Jasper

❊ Eine Italienreise mit Folgen (1) + (2)

❊ Was versteht man eigentlich unter Erziehung? (1) + (2)

❊ Weltwissen der Zwölfjährigen

❊ Der Blick zurück: Erziehung im 18. Jahrhundert

❊ Erziehung gestern und heute – ein Vergleich

❊ Der Gesetzgeber sagt

❊ Jede Familie ist anders – ein Interview

❊ Aufklärung – Dr. Sommer rät

❊ Die Ohrfeige (2)

❊ Die Strafe

❊ Eine richtige Familie

❊ Das Problemkind

❊ Ein Freund ist …

Literatur-Kartei: „Das Austauschkind"

7

Checkliste von _____

- Alle grundlegenden Aufgaben habe ich bearbeitet. ☐

- Mit folgenden (freiwilligen) Aufgaben habe ich mich zusätzlich beschäftigt:

  _____

  _____

  _____

- Die Arbeitsblätter sind in der richtigen Reihenfolge abgeheftet. ☐

- Ich habe ein Inhaltsverzeichnis für meine Mappe erstellt. ☐

- Zu folgenden Aufgaben/Arbeitsblättern habe ich etwas gezeichnet:

  _____

  _____

  _____

- Folgende Aufgaben fand ich besonders schwierig
  oder hätte mehr Zeit dafür gebraucht:

  _____

  _____

  _____

- Am besten haben mir folgende Aufgaben gefallen:

  _____

  _____

  _____

- Diese Aufgaben möchte ich noch nacharbeiten:

  _____

  _____

- Diese Aufgaben sind mir besonders gelungen:

  _____

  _____

© Verlag an der Ruhr | Postfach 10 22 51 | 45422 Mülheim an der Ruhr | www.verlagruhr.de

Der Buchtipp

*Stell dir vor, du hättest das Buch **„Das Austauschkind"** auf dem Nachttisch eines Mitschülers entdeckt. Du kennst das Buch noch gar nicht und fragst deinen Freund, worum es in dem Buch geht und ob es sich lohnt, die Geschichte zu lesen.*

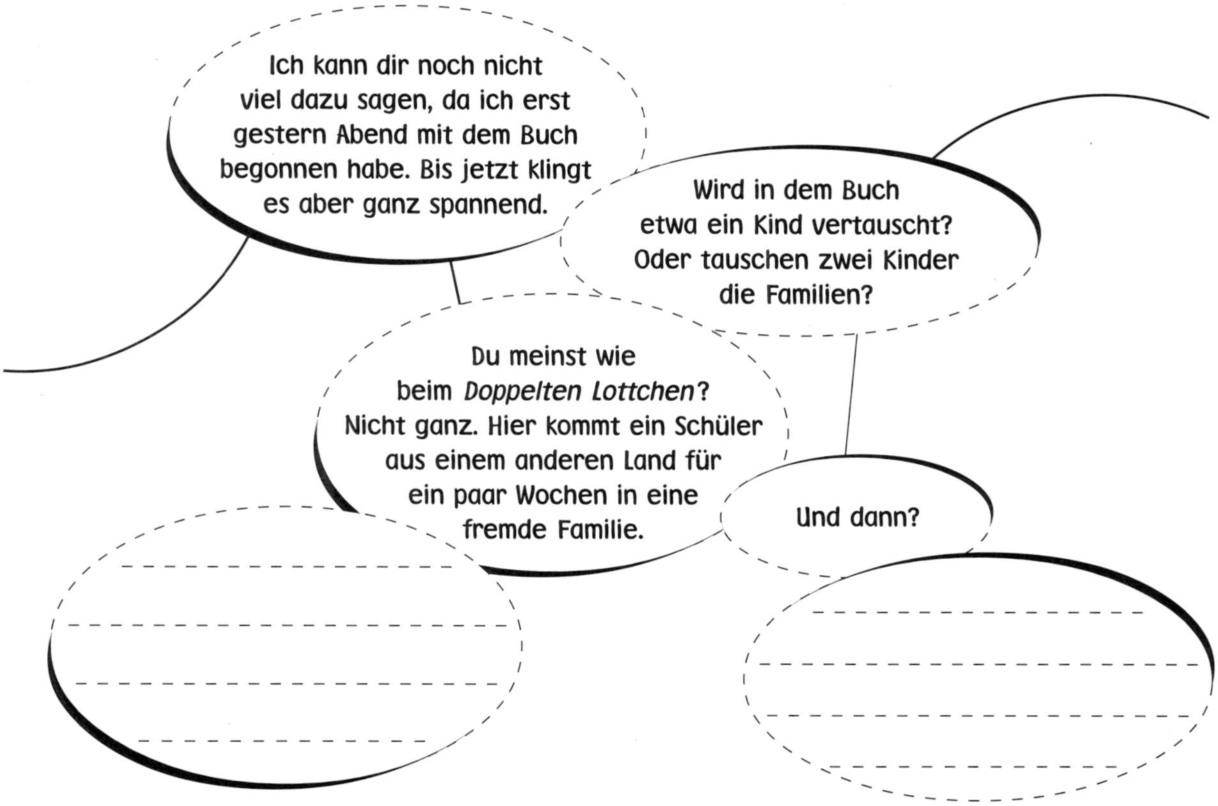

Ich kann dir noch nicht viel dazu sagen, da ich erst gestern Abend mit dem Buch begonnen habe. Bis jetzt klingt es aber ganz spannend.

Wird in dem Buch etwa ein Kind vertauscht? Oder tauschen zwei Kinder die Familien?

Du meinst wie beim *Doppelten Lottchen*? Nicht ganz. Hier kommt ein Schüler aus einem anderen Land für ein paar Wochen in eine fremde Familie.

Und dann?

✂ **Setze das Gespräch (s.o.) fort.**
Schreibe außerdem deine eigenen Erwartungen an das Buch auf ein Extra-Blatt.
Überlege dir, was dir zu dem Titel des Buches und dem Titelbild einfällt.

✂ **Was erwartest du von Büchern, die du liest?**
Damit mir ein Buch gefällt, muss es …

… spannend geschrieben sein.

… _____

… _____

… _____

… _____

… _____

✂ **Lies dir den Klappentext des Buches durch und vergleiche die Informationen darin mit deinen Erwartungen an das Buch. Diskutiert in der Klasse über eure unterschiedlichen Vorstellungen.**

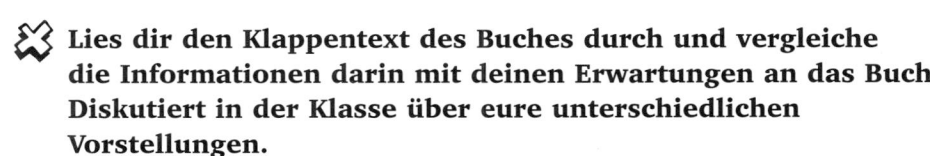

Literatur-Kartei: *„Das Austauschkind"*

9

Leser sein (1)

*In den nächsten Tagen und Wochen wirst du viel Zeit
mit dem Buch „Das Austauschkind" verbringen.
Bevor du aber richtig mit der Lektüre loslegst:
Weißt du schon, wo und wann du in dem Buch schmökern wirst?*

✗ **Überlege einmal, wie deine Lesegewohnheiten sind,
und beantworte dazu die folgenden Fragen.**

1. An einem regnerischen Nachmittag

☐ schalte ich den Fernseher an.

☐ spiele ich am Computer.

☐ rufe ich eine Freundin/einen Freund an.

☐ lese ich ein Buch.

2. Im Monat lese ich ungefähr ____ Bücher.

3. Am liebsten lese ich

☐ Abenteuerromane

☐ Krimis

☐ Pferdegeschichten

☐ Internatsgeschichten

☐ Fantasieromane

☐ Comics

☐ Sachbücher

☐ Zeitschriften

☐ _____

4. Lesen ist für mich eher anstrengend.

☐ ja   ☐ nein

5. Ich lese gerne, weil _____

_____

6. Ich lese nicht gerne, weil _____

_____

**7. Wenn ich ein Buch begonnen habe, lese ich es meist
ohne Unterbrechung zu Ende.**

☐ ja   ☐ nein

8. Folgendes Buch kann ich besonders empfehlen:

_____

Literatur-Kartei: „Das Austauschkind"

© Verlag an der Ruhr | Postfach 10 22 51 | 45422 Mülheim an der Ruhr | www.verlagruhr.de

Leser sein (2)

� **Setzt euch, wenn ihr den Fragebogen ausgefüllt habt,
in Gruppen von vier oder fünf Schülern zusammen
und vergleicht eure Lesegewohnheiten:**

— **Wer in eurer Gruppe ist die größte Leseratte?**

— **Habt ihr ein Buch, das ihr alle kennt und mögt?**

— **In welchen Situationen lest ihr am liebsten?**

— **Wann lest ihr überhaupt nicht gerne?**

Bevor du mit der Lektüre des „Austauschkinds"
beginnst, überlege dir, wie dein idealer Leseort
aussieht. Was musst du alles in deiner Nähe haben,
damit du das Lesen so richtig genießen kannst?
Brauchst du noch etwas zum Knabbern, etwas zu
trinken? Sitzt du auch bequem, oder ziehst du es
vor, zu liegen? Solltest du vorher nicht noch einmal
aufs Klo, damit du deine Lektüre nicht bald
wieder unterbrechen musst?

Und wie sieht es mit deiner Familie aus:
Lassen sie dir Zeit und Ruhe zum Lesen? Solltest
du ihnen vielleicht besser Bescheid sagen, dass du
jetzt ungestört lesen willst? Vielleicht machst du
besser die Tür zu, damit du deine Ruhe hast? Oder
hättest du lieber jemanden, der dir beim Lesen
Gesellschaft leistet? All dies solltest du dir gut und
sorgfältig überlegen, bevor du deine Nase in
Christine Nöstlingers „Austauschkind" vergräbst.

*Damit sich deine Mitschüler ein Bild davon machen können,
wie und wo du am liebsten liest, sollst du deinen
Lieblings-Leseplatz fotografieren. Wenn du magst,
kannst du dich auch von einem Familienmitglied,
einer Freundin oder einem Freund dort in deiner
Lieblings-Lesehaltung fotografieren lassen.
Hängt anschließend die verschiedenen Fotos
in der Klasse aus.*

Literatur-Kartei: *„Das Austauschkind"*

Das Zeilometer

Wenn du mit deinen Mitschülern über **„Das Austauschkind"** sprichst,
dann ist es hilfreich, die eigenen Aussagen am Text zu belegen.
Dazu benötigt man nicht nur die Angabe der Seite, sondern auch die der Zeile.
Da das Buch selbst keine Zeilenangaben hat, kannst du dir ein Zeilometer herstellen,
mit dem du bestimmte Stellen im Text schnell wiederfinden kannst.

✄ Du brauchst:

☐ ein Stück Pappe (18 cm x 8 cm)

☐ eine Schere

☐ Stifte

☐ einen Locher

☐ eine Kordel oder einen Wollfaden

✄ So geht's:

Schneide die Vorlage aus und klebe sie auf ein
ebenso großes Stück Pappe. Wenn du möchtest,
kannst du dein Zeilometer auch farbig gestalten
und eine Szene aus dem „Austauschkind" darauf
malen. Aus dem Zeilometer kannst du dir aber
auch ganz einfach ein Lesezeichen basteln:
Loche dazu die Pappe an einer der beiden schmalen
Seiten und ziehe eine bunte Kordel durch das Loch.

QUIZ

Um die Arbeit mit dem Zeilometer zu trainieren,
kannst du mit einem Partner zusammen ein Quiz
spielen, bei dem es auf genaues „Zeilen-Finden"
ankommt:

• Wie viele Wörter beginnen auf S. 13, Z. 23 mit „a"?

• Was ist das längste Wort auf S. 50, Z. 12?

• Wie viele Wörter gibt es auf S. 82, Z. 27?

• Wie viele Nomen kommen auf S. 133, Z. 12 vor?

Ihr könnt euch auch selbst weitere Quizfragen
ausdenken.

TIPP

*Während du mit und am Buch arbeitest, ist es
sinnvoll, alle Arbeitsblätter, selbst geschriebene
Texte und deine Bilder in einer Mappe aufzu-
bewahren. Diese Mappe kannst du zum Buch
passend gestalten. Überlege dir ein besonderes
Titelbild (z.B. mit Figuren oder bestimmten
Szenen aus dem Buch) für deine
„Austauschkind-Mappe".*

Literatur-Kartei:
„Das Austauschkind"

1	1
5	5
10	10
15	15
20	20
25	25
28	28

© Verlag an der Ruhr
Postfach 10 22 51, 45422 Mülheim an der Ruhr
www.verlagruhr.de

Arbeit mit dem Text

*Schon während der Lektüre solltest du den Text
für die später folgenden Aufgaben vorbereiten:*

�֎ **Nimm dir einen Bleistift, ein Radiergummi und ein Lineal
zur Hand und unterstreiche die Sätze, die dir für die Handlung
des Romans wichtig erscheinen.
Achte darauf, dass du nicht zu viel unterstreichst.
Wichtig sind z.B. auch Textstellen, in denen die Hauptfiguren
der Geschichte vorgestellt und genauer beschrieben werden.
Außerdem wichtig sind Ereignisse, die einen direkten Einfluss
auf den Verlauf des weiteren Geschehens haben.
Versuche, nur die Textstellen zu unterstreichen, die man
unbedingt kennen muss, um die Geschichte zu verstehen.**

*Durch diesen ersten Unterstreichdurchgang hast du die Textmenge
bereits auf die wichtigsten Aussagen verringert.
Überprüfe anschließend, ob du weitere Kürzungen – mit dem Radiergummi –
vornehmen kannst. Wenn du die Sätze, die jetzt noch unterstrichen sind,
herausschreibst und so umformst, dass sie einen flüssigen Text ergeben,
hast du bereits eine Zusammenfassung geschrieben!
Beachte dabei, dass eine Zusammenfassung selbstverständlich
nicht aus der Perspektive eines Ich-Erzählers geschrieben wird.*

✖ **Schreibe eine Zusammenfassung des Romananfangs
(Seite 5 bis 8). Versuche, die Ereignisse möglichst knapp
zusammenzufassen. Schreibe auf ein Extrablatt,
das du in deine Mappe einheftest.**

✖ **Notiere in eigenen Worten, was du bisher über Ewald
erfahren hast. Nimm auch hier vor allem die von dir
unterstrichenen Sätze als Grundlage.**

✖ **Gibt es auch Aussagen „zwischen den Zeilen", die sich
demnach nicht unterstreichen lassen, die aber trotzdem
wichtig sind? Schreibe sie auf.**

Literatur-Kartei: *„Das Austauschkind"*

13

Christine Nöstlinger — eine Autorin stellt sich vor

⇨ INFO

Christine Nöstlinger wurde am 13.10.1936 in der Wiener Vorstadt geboren.
Ihr Vater war Uhrmacher, ihre Mutter leitete einen Kindergarten.
Zu ihrer Mutter und ihrer Schwester hatte sie ein schwieriges Verhältnis.
Als Kind erlebte sie den 2. Weltkrieg und entwickelte früh ein Empfinden
für Unrecht und Herrschaftsausübung. Nach dem Abitur begann sie ein
Studium der Grafik, das sie aber nicht beendete. 1959 wurde ihre Tochter
Barbara, 1961 ihre Tochter Christine geboren.
Christine Nöstlinger hat in den letzten 30 Jahren mehr als 150 Bücher
geschrieben und illustriert. Ihre vielfältigen Figuren stammen aus den
unterschiedlichsten Milieus, haben aber eines gemeinsam:
Sie sind aufmüpfig, haben ihren eigenen Kopf, sind häufig ausgesprochen stur,
zeigen sich ihrer Umwelt gegenüber aber immer verantwortungsbewusst.
Für Christine Nöstlinger sind Erwachsene keine fertigen, fehlerfreien
Menschen – sie haben ihre Schwächen, sind aber lernfähig.

Hier findest du
einige Aussagen von
Christine Nöstlinger:

„Ich habe schon als
kleines Mädchen die Kinder
verabscheut, die beim Spielen
die Lehrerin sein wollten.
Ich bin Kindern gegenüber
immer kindisch geblieben."

„Schreiben
ist wie Stricken.
Manchmal muss man
ein Stück auftrennen
und neu beginnen."

„Meine Sprache
finden manche nicht schön.
Ich sage:
Das Leben ist auch nicht
immer schön!"

✄ **Unterstreiche in dem Infotext über Christine Nöstlinger
die Beschreibung ihrer typischen Romanfiguren.
Schreibe in Stichworten auf, inwiefern diese allgemeinen
Aussagen auch auf die Figuren im *Austauschkind* passen.**

✄ **Lies dir Christine Nöstlingers eigene Aussagen gründlich durch.
Beschreibe, was genau Christine Nöstlinger an den Mädchen,
die immer die Lehrerin spielen wollen, verabscheut.**

✄ **Kannst du dir vorstellen, was manche an ihrer Sprache
nicht schön finden? Suche im *Austauschkind* einen Beispielsatz,
der typisch für Christine Nöstlingers Sprache ist. Erkläre der
Klasse, warum du gerade diesen Satz ausgewählt hast.**

✄ **Versuche in der Bibliothek, im Internet oder im Buchladen
andere Kinderbücher von Christine Nöstlinger zu finden.**

Literatur-Kartei: *„Das Austauschkind"*

14

Autor — Erzähler — Figur: Wer erzählt eigentlich die Geschichte? (1)

⇨ INFO

Wenn du eine Erzählung oder einen Roman liest, dann ist der Text in der Regel von einer Autorin oder einem Autor verfasst worden. *„Das Austauschkind"* wurde von *Christine Nöstlinger* geschrieben.
Bei epischen Texten (Romanen, Erzählungen) gibt es immer jemanden, der die Geschichte **erzählt**. Das kann ein außenstehender Bericht-erstatter sein oder aber eine Person, die an der Handlung beteiligt ist.
Aber aufgepasst:
Der Autor ist nicht identisch mit dem Erzähler der Geschichte – der Autor hat sich eine Geschichte ausgedacht, sie also in seiner Phantasie erfunden, und lässt diese nun von einem Erzähler wiedergeben.
Natürlich basiert die Handlung eines Romans sehr häufig auf den Erfahrungen und Erlebnissen des Autors.

�֎ **Die komplizierte Beziehung zwischen Autor und Erzähler wird dir deutlicher, wenn du selbst eine kurze Geschichte schreibst. Dazu musst du zunächst deine Identität verändern und eine Rolle annehmen: Wenn du ein Mädchen bist, schlüpfst du in den nächsten zwanzig Minuten in die Rolle eines Jungen, wenn du ein Junge bist, wirst du für diese Zeit ein Mädchen. Schreibe in der Ich-Form, wie du als Junge/Mädchen den ersten Schultag erlebt hast. Wähle dazu einen kleinen Ausschnitt, beispielsweise die ersten Momente auf dem Schulhof, den Gang in die Klasse ...**

Literatur-Kartei: *„Das Austauschkind"*

15

Autor — Erzähler — Figur: Wer erzählt eigentlich die Geschichte? (2)

✖ **Nun gilt es, die Perspektive zu wechseln:**
Jetzt bist du nicht mehr Schüler, sondern Lehrerin oder Lehrer. Du beschreibst als Lehrer die Person, die du dir eben ausgedacht hast. Dabei können dir an der Person natürlich ganz andere Dinge auffallen als jene, die du oben wiedergegeben hast. Du kennst den Schüler/die Schülerin sehr genau, da du ihn/sie jeden Tag in der Klasse beobachtest. Du weißt auch über seinen/ihren Wohnort, über Hobbys und Streiche Bescheid. Da du jetzt als außenstehender Beobachter dem Leser etwas über deinen Schüler bzw. deine Schülerin erzählst, sollst du nicht in der Ich-Form, sondern in der Er- bzw. Sie-Form deine Gedanken wiedergeben.

DISKUSSION

✖ **Lest euch nun eure Szenen vor und vergleicht die Wirkung:**
Klärt dazu zunächst, wer Autor und Erzähler ist, was der Erzähler jeweils über die beschriebene Person weiß und welche der beiden Formen (Ich- oder Er-/Sie-Form) euch besser gefällt.

✖ **Fasst in eigenen Worten den Unterschied zwischen Autor und Erzähler zusammen und überlegt euch, mit was für einer Art Erzähler ihr es im _Austauschkind_ zu tun habt.**

_____

_____

_____

_____

_____

_____

_____

Literatur-Kartei: _„Das Austauschkind"_

16

Du über dich — ein Fragebogen (1)

*In dem Roman **„Das Austauschkind"** wirst du viel über
die Hauptfigur Ewald erfahren: Er wird dir etwas über seine Familie
und seine Freunde und Hobbys mitteilen, aber auch von seinen Träumen,
Sorgen und Problemen erzählen. Du wirst ihn also „von Seite zu Seite"
immer besser kennen lernen, wenn ihr die nächsten
sechs Wochen miteinander verbringt.*

✖ **Bevor du Ewald allerdings kennen lernen darfst,
bist du zunächst selbst gefordert.
Beschreibe dich selbst und stelle dich mit Hilfe
des Fragebogens auf der nächsten Seite vor.
Vielleicht fallen dir auch noch weitere wichtige Dinge ein,
die man unbedingt über dich wissen sollte.**

✖ **Wenn jeder mit seiner Beschreibung fertig ist,
könnt ihr die Fragebögen anschließend auf bunte
Pappen übertragen und in der Klasse aufhängen.**

Literatur-Kartei: *„Das Austauschkind"*

© Verlag an der Ruhr | Postfach 10 22 51 | 45422 Mülheim an der Ruhr | **www.verlagruhr.de**

Du über dich — ein Fragebogen (2)

Wenn man mich zum ersten Mal sieht, dann fällt einem besonders auf, dass

_____ .

Wenn ich ein Tier wäre, dann wäre ich ein _____ .

Wenn ich jetzt zwei Wochen nicht zur Schule müsste, würde ich _____

_____ .

Wenn man mir 50 Euro schenkte, würde ich damit _____ .

Wenn ich auf eine einsame Insel reise, nehme ich _____ mit.

Wenn ich etwas an mir besonders mag, dann ist es _____ .

Wenn ich etwas an mir gar nicht mag, dann ist es _____ .

Wenn ich nicht einschlafen kann, _____ .

Wenn ich einen Tag lang jemand anderes sein könnte, wäre ich _____ .

Wenn meine Freunde mich loben, dann für meine _____

_____ .

Wenn ich mich mit meinen Eltern streite, dann meistens über _____

_____ .

Wenn ich einen Wunsch frei hätte, würde ich _____

_____ .

Wenn ich Angst habe, dann vor _____

_____ .

Literatur-Kartei: *„Das Austauschkind"*

18

Du über dich — ein Fragebogen (3)

Wenn ich traurig bin, dann über _____

_____ .

Wenn ich Langweile habe, dann _____

_____ .

Wenn ich etwas koche, dann koche ich _____

Wenn ich einen Beruf wählen könnte, würde ich _____

_____

Wenn ich Geburtstag habe, mache ich am liebsten _____ .

Wenn man mich ärgern will, muss man nur _____

_____ .

Wenn ich nur eine Eiskugel aussuchen darf, wähle ich _____ .

Wenn meine Eltern mich nach unserem Urlaubsziel fragten, würde ich _____

_____ .

Wenn ich mich verkleide, dann als _____ .

Wenn ich eine Sportart lernen dürfte, würde ich _____

_____ .

Wenn _____

_____ .

Literatur-Kartei: „Das Austauschkind"

Ewald — ein Rollenprofil

*Ewald hat die Ereignisse des Sommers in Form eines **Erlebnisberichtes**,
wie es sein Deutschlehrer nennen würde, aufgeschrieben.
Einem Regisseur sind diese Aufzeichnungen in die Hände geraten und er überlegt nun,
die Geschichte Ewalds zu verfilmen. Bevor ein Film gedreht werden kann,
ist es notwendig, zunächst ein so genanntes **Rollenprofil** zu erstellen:
In diesem Rollenprofil werden alle Informationen über Ewald gesammelt, damit man
eine Vorstellung davon bekommt, wie Ewalds Rolle im Film am besten zu besetzen ist.
Neben Äußerlichkeiten werden vor allem Charaktereigenschaften, Hobbys
und Gewohnheiten, aber auch Träume und Ideen von Ewald gesammelt.*

**✗ Trage während der Lektüre des Kapitels
„Alles, was vorher geschah" (S. 5 – S. 52) alle
Informationen zusammen, die der Regisseur braucht,
um die Rolle zu besetzen.**

Textstelle	Rollenprofil Ewalds
S. 5, Z. 2	13 Jahre
S. 5, Z. 21	eine Schwester
S. 7, Z. 11	besonders guter Schüler

Literatur-Kartei: *„Das Austauschkind"*

© Verlag an der Ruhr | Postfach 10 22 51 | 45422 Mülheim an der Ruhr | www.verlagruhr.de

Ewald — ein Freund? (1)

Paul und Stefan, zwei Klassenkameraden von Ewald, diskutieren
auf dem Schulhof darüber, ob sie Ewald zu einer Radtour mitnehmen sollen.
Einerseits ist er ein netter Kerl, aber andererseits ist Ewald
auch ein ganz schöner Sonderling …
Am besten machst du dir mit Hilfe von Ewalds Aussagen selbst ein Bild über ihn:

„Und Streber
oder Weinberl
ist wirklich
das Allerallerletzte,
was ich sein mag!"
(S. 8, Z. 11–13)

✂ **Kannst du dir vorstellen,**
warum es für Ewald so wichtig ist,
nicht als Streber zu gelten?

_____

_____

_____

„Das ist ein großes Problem
in meinem Leben, über das ich schon
oft und lange nachgedacht habe.
Beim Nachdenken bin ich zu dem Schluss
gekommen, dass ich mich wahrscheinlich
viel zu wenig wehre."
(S. 11, Z. 3–6)

✂ **Überlege dir, wogegen Ewald sich nicht wehrt.**

_____

_____

✂ **Gibt es etwas, wogegen du dich schlecht wehren kannst?**
Erstellt in eurer Klasse eine Liste von Situationen
oder Personen, gegen die ihr machtlos seid.

„Mir fällt es schwer, mich gegen … zu wehren."

„Den anderen aus der Klasse fällt es schwer,
sich gegen … zu wehren."

Literatur-Kartei: *„Das Austauschkind"*

21

Ewald — ein Freund (2)

„Ich mag weder Schikurse
noch Landschulwochen.
Ich mag überhaupt nichts,
wo ein Haufen Schüler
unter Obhut von ein paar Lehrern
rund um die Uhr leben muss!"
(S. 12, Z. 19–22)

✖ **Fallen dir Gründe ein, warum Ewald
diese Aktivitäten nicht mag?**

_____

_____

_____

_____

„Weil er
[Ewalds Vater]
nämlich nicht begreifen will,
dass ich absolut keine Sehnsucht
nach ‚richtigen' Freunden
habe."
(S. 14, Z. 22–24)

✖ **Glaubst du auch, dass bei Ewald
„etwas nicht stimmt",
wie sich sein Vater ausdrückt?**

_____

_____

_____

✖ **Spielt das Gespräch zwischen Paul und Stefan nach.
Überlegt euch vorher, ob die beiden Ewald auf die Radtour
mitnehmen werden oder nicht. Zur Unterstützung eurer
Argumente könnt ihr auch das Rollenprofil („Ewald –
Ein Rollenprofil", S. 20) noch einmal zur Hand nehmen.**

✖ **Könntest du dir vorstellen, mit Ewald befreundet zu sein?
Begründe deine Meinung.**

_____

_____

_____

Literatur-Kartei: _„Das Austauschkind"_

© Verlag an der Ruhr | Postfach 10 22 51 | 45422 Mülheim an der Ruhr | www.verlagruhr.de

Ewald – ein Eigenbrötler (1)

Als in der Familie Mittermeier die Ferien und der geplante Schüleraustausch besprochen werden, werden Ewalds Interessen nicht berücksichtigt; dabei hat auch er recht genaue Vorstellungen davon, wie ein idealer Sommer aussehen sollte:

„Ich hatte ja auch meine eigenen Pläne für den Sommer! Schöne Pläne! Geheime Pläne! Ehrlich gesagt: Pläne, die ich bisher nicht gewagt hatte, meinen Eltern zu unterbreiten. Nun hielt ich den Zeitpunkt für gekommen! Am Abend, nach dem Nachtmahl, sagte ich dem Papa und der Mama, dass ich mir schon lange wünsche, einmal ein paar Wochen richtig allein zu sein. Ganz allein!“
(S. 29, Z. 24 – S. 30, Z. 4)

„Den langen Winter über hatte ich davon geträumt, im Sommer mindestens einen Monat lang allein im Schrebergarten der Oma zu leben. Ich - ein Haufen Bücher aus der Bücherei - ein bisserl Brot und Grammelschmalz - Omas Stachelbeersträucher und der Marillenbaum - und sonst nichts! Und sonst niemand!“
(S. 30, Z. 13–18)

Überlege dir, was Ewald an dieser Vorstellung reizt.

Ewalds Vater äußert seine Meinung zu den Plänen seines Sohnes sehr deutlich: *„Jetzt spinnt er doch wirklich komplett! Allein im Schrebergarten! Er will ein Eigenbrötler werden!“* (S. 30, Z. 22–24)

Ergänze die Bedenken des Vaters:

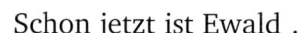

Schon jetzt ist Ewald …

© Verlag an der Ruhr | Postfach 10 22 51 | 45422 Mülheim an der Ruhr | www.verlagruhr.de

Ewald — ein Eigenbrötler (2)

✖ **Hältst du Ewald für einen Eigenbrötler?**
Welche seiner Eigenschaften und Verhaltensweisen
sprechen deiner Meinung nach dafür oder dagegen?

✖ **Schreibe in dein Tagebuch, was du am liebsten**
machen würdest, wenn du einige Wochen
zur freien Verfügung hättest.

Liebes Tagebuch,
wenn ich tatsächlich einige Wochen lang tun dürfte, was ich will, dann ...

_____

_____

_____

_____

_____

_____

_____

_____

_____

_____

_____

_____

_____

_____

_____

Literatur-Kartei: *„Das Austauschkind"*

© Verlag an der Ruhr | Postfach 10 22 51 | 45422 Mülheim an der Ruhr | www.verlagruhr.de

Eine Figur nimmt Form an: Das Standbild

Beim Erbauen eines Standbilds geht es darum,
aus lebenden Personen ein Bild zu komponieren.
Dazu werden ein Regisseur oder Bildhauer sowie mehrere Mitspieler benötigt.
Durch ein Standbild können Erfahrungen (Einsamkeit, Freude, Ärger),
Haltungen (Wut darüber, sich niemals durchsetzen zu können)
und Phantasien (einen Sommer nach den eigenen Vorstellungen zu erleben)
ausgedrückt werden.

✂ **Erstellt in Gruppen von 4 bis 5 Schülern
ein Standbild, das Ewald vor dem Besuch Jaspers
charakterisiert und typisch für ihn ist.
Dabei könnt ihr Ewald allein, mit Freunden
oder mit Familienmitgliedern darstellen.**

BAUANLEITUNG

1. Bevor ihr loslegt noch einige Hinweise,
wie man ein Standbild formt:
Überlegt euch zunächst eine Situation oder eine
Eigenschaft Ewalds, die ihr darstellen wollt.

2. Bestimmt nun einen Regisseur, der das
Standbild erbaut, und besetzt die verschiedenen
Rollen (z.B. Ewald, Freunde, Bille, Eltern).

3. Wichtig:
Ab jetzt wird **nicht** mehr geredet.

4. Jetzt formt der Regisseur mit seinen Händen
die Figuren; dabei ist nicht nur die Körperhaltung
entscheidend, sondern auch der Gesichtsaus-
druck. Diesen kann der Regisseur den einzelnen
Teilnehmern des Standbildes vormachen.

5. Die Mitspieler verhalten sich während
dieser Bauphase passiv.

6. Für euer Standbild könnt ihr auch Requisiten
verwenden.

7. Wenn ihr eurer Klasse das Standbild vorführt,
ist es wichtig, dass das gesamte Kunstwerk –
also ihr – für 60 Sekunden erstarrt:
In dieser Zeit wird weder geredet noch eine
Miene verzogen. Der Rest der Klasse hat so
Zeit, das Kunstwerk zu betrachten.

8. Wenn ihr wollt, könnt ihr das Standbild
noch fotografieren. Jetzt erst dürft ihr euch
aus eurer Haltung lösen und das Standbild
wird mit allen besprochen.

BESPRECHUNG

✂ **Wer ist wer? Zuerst haben die Zuschauer die Gelegenheit,
sich zu dem Standbild zu äußern: Dabei müssen im
ersten Schritt die Personen und – falls erforderlich –
die Situation „erraten" werden.
Im zweiten Schritt gilt es, die Eigenschaft Ewalds,
die in dem Standbild dargestellt wurde, zu deuten;
auch hier sind zunächst die Zuschauer gefragt, bevor
der Regisseur und seine Schauspieler erklären, welche
Absichten sie beim Bau gehabt haben. Gemeinsam wird
nun nach einem passenden Titel für das Standbild gesucht.
Zum Abschluss könnt ihr die Situation, die im Standbild
dargestellt ist, weiterspielen; dazu dürfen die Personen
sich nun bewegen und auch sprechen.**

Literatur-Kartei: *„Das Austauschkind"*

25

Perspektivenwechsel (1)

Zu Beginn des Buches erfährst du, dass Ewald einen „Erlebnisbericht" schreibt:
Alles, was er erlebt, denkt und fühlt, wird unmittelbar von Ewald selbst wiedergegeben.
Der Leser sieht die Ereignisse aus Ewalds Perspektive, also so,
als säße er in Ewalds Kopf und könnte durch seine Augen schauen.
Jeder Mensch hat eine eigene Sicht der Dinge.
Diese ist nicht immer objektiv, das heißt, sie ist nicht unbedingt
vollständig, richtig oder klar gesehen.

Versuche einmal, dich in Ewalds Mutter hineinzuversetzen.
Wenn nicht Ewald, sondern sie die Geschichte des Sommers
erzählen würde, dann fiele der Bericht ganz anders aus.
Forme die folgenden Aussagen Ewalds so um, als gäbe
seine Mutter die Geschichte wieder.

Ewalds Beschreibung

Die Beschreibung von Ewalds Mutter

Und nun schien meine Mutter zum
Englischlehrer gegangen zu sein, um ihn
zu einem Gut für mich zu überreden.
Damit nicht ein häßliches Befriedigend
mein Zeugnis verunziere! Sie hat mir das
nicht gesagt, aber ich kenne die Frau!
Mir war das sofort klar.
(S. 7, Z. 21–25)

Meine Schwester sagt, ich bin einfach
zu gutmütig und zu träge, um mich zu
wehren. Aber das stimmt garantiert nicht.
Wenn ich gutmütig wäre, würde mein
Blut im Bauch ja nicht wutbrodeln.
(S. 11, Z. 22–25)

„Man kann nie wissen", murmelte ich,
grinste dazu und kam mir ziemlich blöde
vor. Natürlich gibt es in den Sommer-
camps unserer Schule etwas Ähnliches
wie ein Liebesleben. Zumindest erzählen
die, die mitgefahren sind, nachher viel
davon.
(S. 16, Z. 5–9)

Literatur-Kartei: „Das Austauschkind"

Perspektivenwechsel (2)

Ewalds Mutter hat beschlossen, dass ihr Sohn aufgrund seiner „schlechten" Englischnote in ein College fahren soll. Schreibe die kurze Textpassage S. 10, Z. 15 – S. 11, Z. 2 entweder aus der Sicht von Bille oder aus der Sicht von Ewalds Mutter.

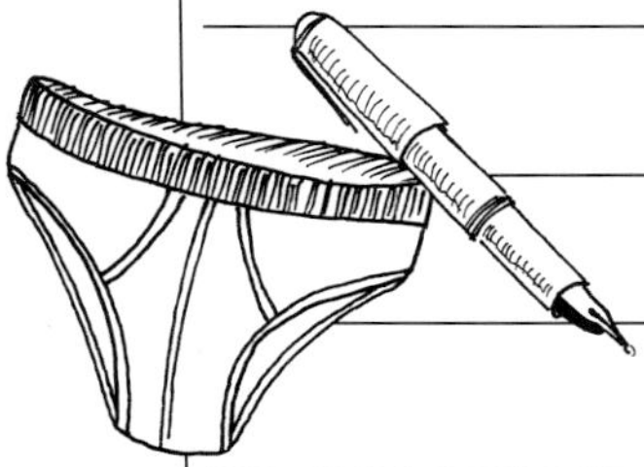

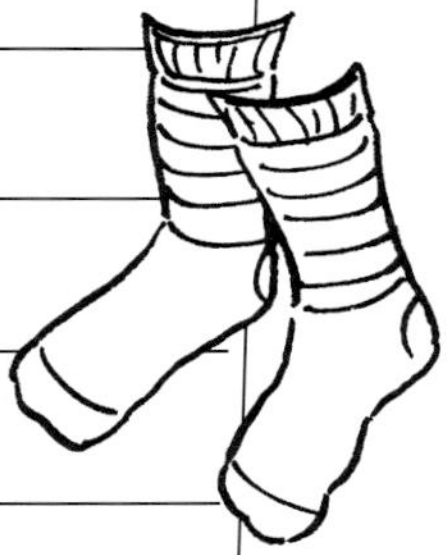

_____

_____

_____

_____

_____

_____

_____

_____

_____

_____

_____

_____

_____

_____

_____

_____

_____

_____

_____

_____

_____

_____

Literatur-Kartei: _„Das Austauschkind"_

Der Schüleraustausch (1)

✗ **Lies dir zunächst diese Auszüge aus Werbebroschüren durch:**

Deine neuen Eltern

In einer Gastfamilie zu leben bedeutet, sich den Gewohnheiten der anderen anzupassen: mit ihnen zu verreisen und Ausflüge zu machen, an ihren Hobbys teilzunehmen und ihre Verwandten und Freunde kennen zu lernen. Je mehr man sich auf die neue Familie einlässt, desto schneller wird man sich zu Hause fühlen.

Einen Sommer oder ein Jahr in eine neue Welt eintauchen

Willst du neue Freunde kennen lernen, für eine bestimmte Zeit in einer anderen Familie – deiner Gastfamilie – leben und in England, Kanada, Australien oder den USA zur Schule gehen?

✗ **Schildere in eigenen Worten, wie ein Schüleraustausch abläuft. Kläre dazu unter anderem folgende Fragen (falls ihr weitere Informationen benötigt, könnt ihr sicher auch euren Englischlehrer fragen):**

- **Bei wem wohnt man in dem fremden Land?**

_____

- **Was macht man den ganzen Tag?**

_____

- **Wie alt sollte man sein, um an einem Austausch teilnehmen zu können?**

_____

- **Wieviel kostet ein solcher Austausch?**

_____

- **In welche Länder kann man reisen?**

_____

- **Erhält man einen Gegenbesuch?**

_____

Literatur-Kartei: *„Das Austauschkind"*

28

Der Schüleraustausch (2)

*Stell dir vor, auch bei dir in der Schule wird ein Austausch nach England angeboten.
Vielleicht bist du dir nicht ganz sicher, ob du daran teilnehmen möchtest.
Um dich entscheiden zu können, sammelst du zunächst Argumente dafür und dagegen.
Überlege dir auch, welche Probleme im Ausland auftreten können.*

Dafür spricht:	Dagegen spricht:
Ich bin endlich einmal unabhängig von meinen Eltern.	Ich sehe mehrere Wochen meine Freunde nicht.

Yes

NO!

DISKUSSION

✄ **Führt eine Diskussionsrunde zum Thema „Schüleraustausch: ja oder nein?" durch.
Dazu bestimmt ihr zunächst einen Diskussionsleiter und teilt euch dann in vier Gruppen auf.
Besetzt folgende Rollen:**

- **Befürworter des Schüleraustausches (eine Gruppe übernimmt die Rolle der Eltern, eine andere die der Schüler)**
- **Gegner des Schüleraustausches (auch hier zwei Gruppen: Eltern und Schüler)**

Der Diskussionsleiter eröffnet nun die Diskussion und sorgt dafür, dass alle Gruppen ihre Argumente vorbringen können.

*Auch bei Familie Mittermeier steht ein Schüleraustausch bevor.
Dass Ewald nach England soll, hat vor allem einen Grund:
Ewalds Mutter liebt erstklassige Zeugnisse.
Da ihr Sohn in Englisch das einzige Befriedigend erwartet,
beschließt sie auf Anraten des Englischlehrers, ihren Sohn
an einem Schüleraustausch teilnehmen zu lassen.
Schon diesen Sommer soll es losgehen.*

✄ **Warum reagiert Ewald so wütend auf den Vorschlag der Mutter, ihn nach England zu schicken?
Spielt in einem Streitgespräch, was Ewald seiner Mutter hätte entgegnen können, wenn er den Mut dazu gehabt hätte.**

Literatur-Kartei: „Das Austauschkind"

© Verlag an der Ruhr | Postfach 10 22 51 | 45422 Mülheim an der Ruhr | www.verlagruhr.de

Der Schüleraustausch (3)

*Deine Eltern haben beschlossen, dich in den Sommerferien für sechs Wochen
nach England zu schicken, damit sich deine Englischkenntnisse verbessern.
Nun lebst du schon seit zwei Wochen in einer Familie in Sevenoaks,
einer kleinen Stadt im Süden von London.*

RECHERCHE

**Informiere dich zunächst darüber, wie sich
englische von deutschen Schulen unterscheiden.
Vielleicht kann euch euer Englischlehrer auch
etwas über das englische Schulsystem erzählen.
Schlage ebenso im Lexikon und im Englisch-
buch nach oder recherchiere im Internet.
Besorge dir z.B. in der Bibliothek eine Karte
von Großbritannien oder besser noch eine Detail-
karte von London und Umgebung und überlege,
was man alles in Sevenoaks und Umgebung
besichtigen könnte.**

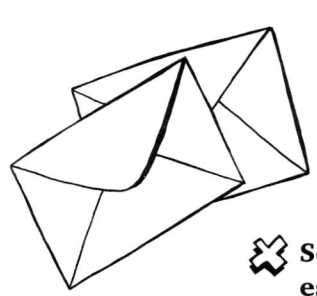

*Da deine Eltern schon mehrfach angerufen haben,
um zu wissen, wie es denn bei dir aussieht,
welche Ausflüge du gemacht hast und wie sich die englische
von der deutschen Schule unterscheidet, beschließt du,
ihnen einen Brief zu schreiben.*

**Schreibe deinen Brief auf ein Extra-Blatt und hefte
es in deine Mappe. Du könntest z.B. so beginnen:**
*„Hallo ihr Daheimgebliebenen, in eurem letzten Anruf habt ihr
nach meiner englischen Schule gefragt. Also, zunächst tragen
die Schüler hier alle dunkelblaue Schulkleidung …"*

*Und plötzlich scheinen die Wochen in England wie im Flug vorübergegangen zu sein.
Während du auf Deck des Schiffes zurück nach Deutschland sitzt,
schreibst du deiner Gastfamilie noch kurz eine Karte – natürlich auf englisch –,
um dich für den Aufenthalt zu bedanken:*

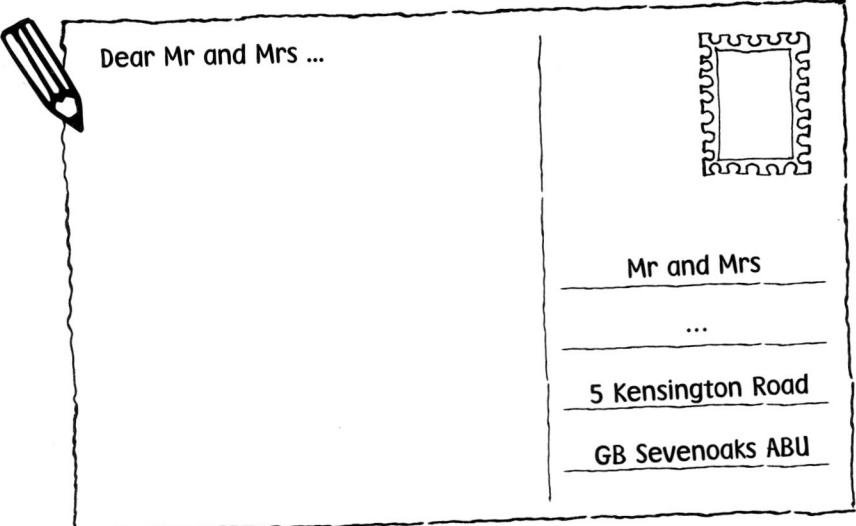

Literatur-Kartei: *„Das Austauschkind"*

30

Der erste Tag mit Jasper – eine Familie steht Kopf (1)

Lies dir zunächst das Kapitel *„Montag, 20. Juli“* (Seite 62–67) gründlich durch. Nun lege das Buch zur Seite und schau dir die folgenden Aussagen an. Entscheide dich jeweils, ob der Satz richtig oder falsch ist. Auch wenn du bei einigen Sätzen nicht sicher bist, schlage nicht gleich nach, sondern verlasse dich zunächst auf das, was du dir gemerkt hast. Diskutiert eure Antworten anschließend in der Klasse.

Das Verhältnis von Ewald und Bille zu ihrer Mutter

- Bille nimmt Jasper in Schutz, weil sie es nicht gut findet, dass ihre Eltern Jasper umkrempeln wollen. ☐ richtig ☐ falsch
- Ewald vermutet, dass Bille zu Jasper hält, weil er die in der Familie herrschenden Regeln durcheinander bringt. ☐ richtig ☐ falsch
- Bille schenkt Jasper fünf Schilling, weil er nicht rechtzeitig aufsteht. ☐ richtig ☐ falsch

In dem Kapitel wird deutlich, dass ...

- … es in der Familie Mittermeier feste Regeln gibt. ☐ richtig ☐ falsch
- … es in der Familie ungeschriebene Gesetze gibt. ☐ richtig ☐ falsch
- … die Mutter Jasper nicht mag. ☐ richtig ☐ falsch
- … Ewald Jasper nichts abgeben möchte. ☐ richtig ☐ falsch
- … Bille den nackten Jasper attraktiv findet. ☐ richtig ☐ falsch

In der folgenden Aufgabe musst du die zwei für die Geschichte wichtigsten Aussagen heraussuchen.

In dem Kapitel berichtet Ewald ...

- ☐ … über die Ess- und Schlafgewohnheiten von Jasper.
- ☐ … dass es für Jasper in der Familie Mittermeier keinen passenden Bademantel gibt.
- ☐ … über die Sorge der Mutter, dass Bille und Ewald Jasper nackt sehen.
- ☐ … darüber, dass es Bille Vergnügen bereitet, wie Jasper die Mutter verunsichert.
- ☐ … über das nächtliche Gespräch zwischen Bille und Ewald.
- ☐ … von dem ausgefallenen Ausflug.
- ☐ … dass seine Mutter Jasper nicht wecken mag.
- ☐ … dass Jasper die Regeln und Gewohnheiten innerhalb der Familie Mittermeier missachtet.
- ☐ … dass sich die Mutter weniger gut durchsetzen kann als der Vater.
- ☐ … über die Angst der Mutter vor Jasper.

© Verlag an der Ruhr | Postfach 10 22 51 | 45422 Mülheim an der Ruhr | www.verlagruhr.de

Der erste Tag mit Jasper — eine Familie steht Kopf (2)

✕ Versuche, möglichst in einem einzigen Satz zusammenzufassen, worum es im Kapitel „Montag, 20. Juli" (Seite 62–67) geht. Dazu kannst du die Aussagen auf dem ersten Arbeitsblatt zu Hilfe nehmen.
Setz dich mit deinem Nachbarn zusammen und vergleicht eure Ergebnisse. Wenn ihr euch nicht einig seid, lest noch einmal die entsprechenden Stellen im Buch nach. Entscheidet euch für eine Lösung.

_____

_____

TIPP

Die folgende Übung kannst du mit jedem beliebigen Text machen.
Lies ihn dir dazu gründlich durch und schreibe dann zehn Aussagen auf,
von denen 5 falsch und 5 richtig sind.
Nummeriere die Sätze und lies sie deinem Partner (oder der ganzen Klasse) vor,
der sich die Zahlen der richtigen Sätze aufschreiben muss.
Achte darauf, dass richtige und falsche Aussagen gemischt sind.
Am Ende werden die Ergebnisse verglichen.

✕ Erstelle eine solche Liste mit 5 richtigen und 5 falschen Aussagen für das Kapitel „Sonntag, 26. Juli" (Seite 84–92). Hier findest du bereits zwei Beispielsätze:

1. Bille, Ewald und Jasper verlassen die Wohnung, nachdem sie einen Schlüsseldienst haben kommen lassen.
2. Obwohl Jasper der Ausflug in den Prater gefällt, lächelt er Ewald nicht einmal an.

3. _____

4. _____

5. _____

6. _____

7. _____

8. _____

9. _____

10. _____

Literatur-Kartei: *„Das Austauschkind"*

32

Denglisch

Fremdsprachen und speziell Englisch, erklärt Ewalds Vater,
seien in der Schule seine Lieblingsfächer gewesen.
Leider scheint Herr Mittermeier seit seiner Schulzeit Einiges vergessen zu haben.
Sein Englisch hört sich vielmehr wie eine Mischung aus Deutsch und Englisch an.

✖ **Trage diese *denglischen* Satzkonstruktionen des Vaters**
zusammen, schreibe auf, was jeweils damit gemeint ist,
und versuche anschließend – vielleicht unter Mithilfe deines
Englischlehrers – sie in korrektes Englisch zu übersetzen.

Textstelle	englischer Satz des Vaters →	deutsche Bedeutung →	richtige Übersetzung ins Englische
S. 36, Z. 4–5	…, that is the ground, why you cannot see her.	…, das ist der Grund, weshalb du sie nicht sehen kannst.	…, that is the reason, why you cannot see her.

Literatur-Kartei: *„Das Austauschkind"*

© Verlag an der Ruhr | Postfach 10 22 51 | 45422 Mülheim an der Ruhr | **www.verlagruhr.de**

Jasper

Erinnerst du dich noch an den Regisseur, der ***„Das Austauschkind“***
verfilmen wollte (siehe Arbeitsblatt „Ewald – ein Rollenprofil“, Seite 20)?
Inzwischen wurde das Geld für den Film genehmigt
und auch die anderen Rollen müssen besetzt werden.

�******** **Der Regisseur sitzt vor dem Buch und
überlegt, wie die passende Besetzung
für Jasper wohl aussehen sollte.
Hilf ihm dabei und lies dir dazu noch
einmal Seite 50–61 gründlich durch.
Trage zusammen, wie der Schauspieler
aussehen und wie er die Rolle spielen
sollte.**

Textstelle	Rollenprofil Jasper
S. 50, Z. 9	korpulent, rotblond, sommersprossig

*Bevor eine Rolle endgültig mit einem Schauspieler besetzt wird,
führt man in der Regel ein Casting durch. Dabei müssen die Schauspieler,
die sich für die Rolle bewerben, eine bestimmte Szene vorspielen.
Danach wird dann der geeignetste Schauspieler ausgewählt.*

✚ **Der Regisseur möchte gerne die erste Begegnung Jaspers mit
der Familie Mittermeier (Kapitel „*Sonntag, 19. Juli*“, Seite 53–61)
vorgespielt bekommen. Teilt euch in kleine Gruppen auf
und spielt diese Szene nach. Dabei könnt ihr wählen,
ob ihr das Eintreffen am Flughafen, die Fahrt im Auto
oder die Ankunft in der Wohnung darstellt.**

Literatur-Kartei: *„Das Austauschkind“*

34

Die Reiseroute

*In der zweiten Halbzeit mit Jasper fährt die
Familie Mittermeier mit ihm zusammen in den Urlaub.*

**Verfolge in einem Atlas ihre Reiseroute.
Zeichne die Stationen der Reise in der Karte ein
und schreibe in Stichworten auf, was an den
einzelnen Orten geschieht.**

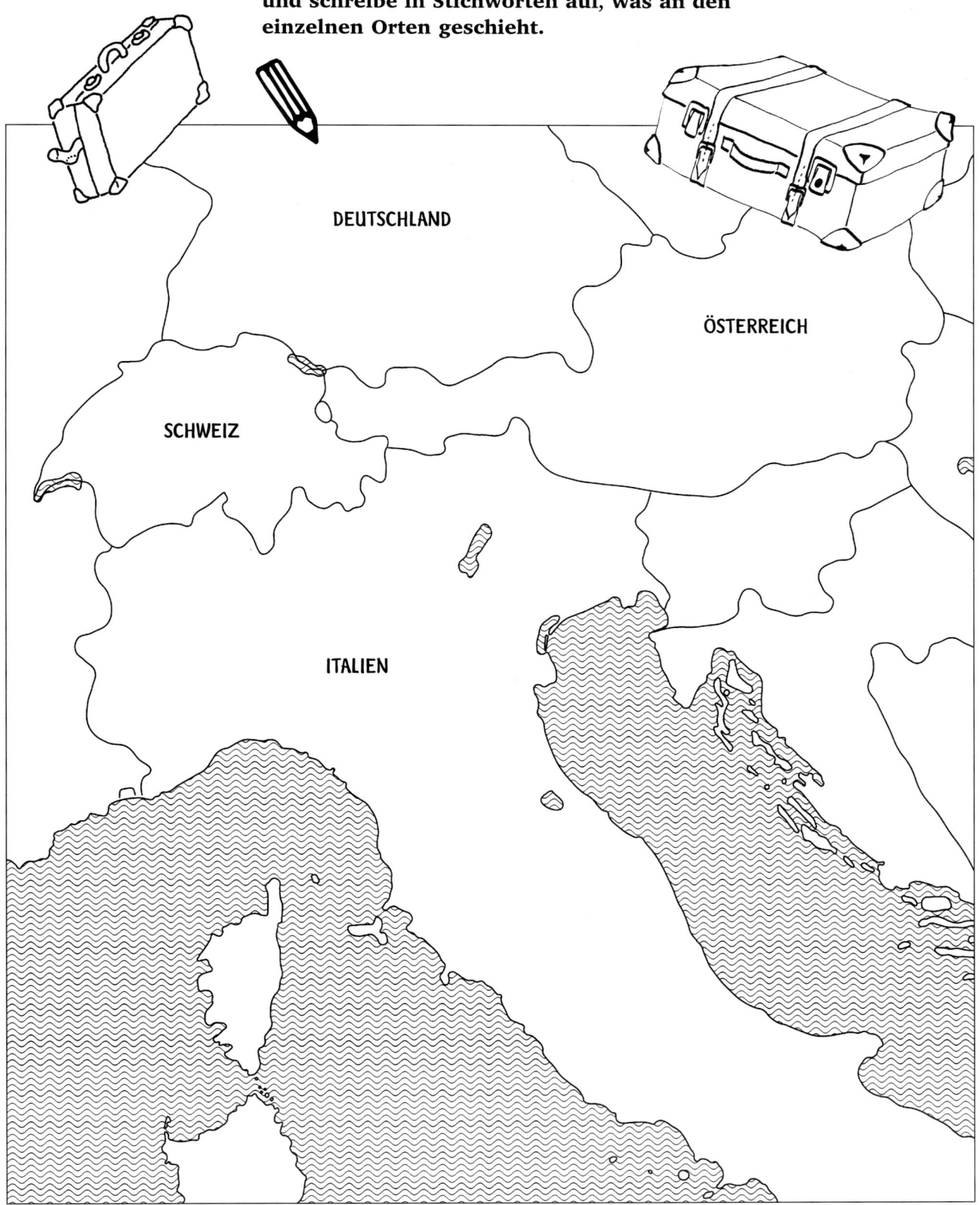

Literatur-Kartei: *„Das Austauschkind"*

© Verlag an der Ruhr | Postfach 10 22 51 | 45422 Mülheim an der Ruhr | www.verlagruhr.de

Auf der Reise —
die zweite Halbzeit mit Jasper

*Von den verschiedenen Stationen des gemeinsamen Urlaubs
in Österreich und Italien treffen Postkarten bei Freunden von Bille, Ewald,
Herrn und Frau Mittermeier und Jasper ein.*

✗ **Überlege dir, was die Personen jeweils
von der Reise zu berichten haben.**

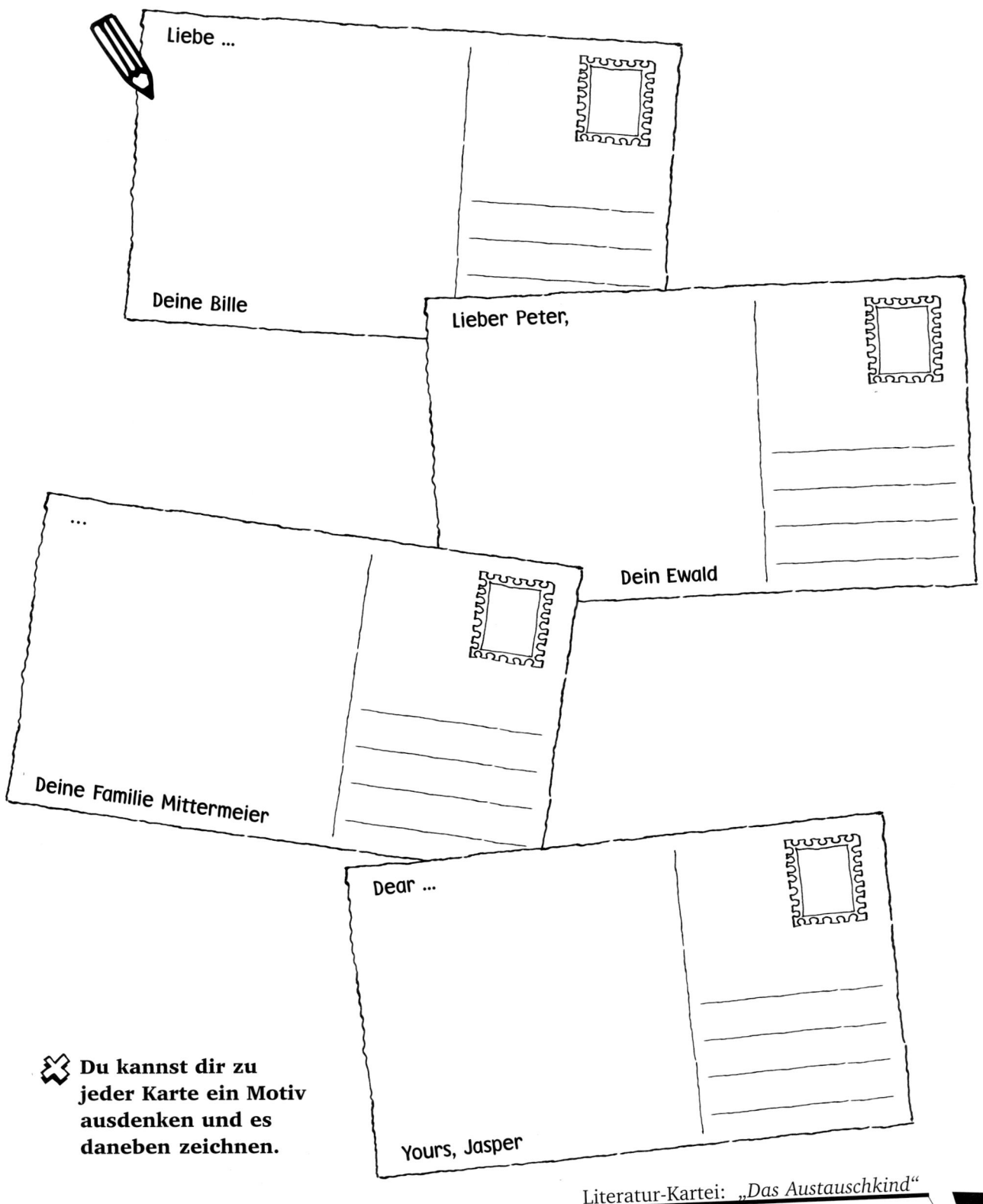

Liebe ...

Deine Bille

Lieber Peter,

Dein Ewald

...

Deine Familie Mittermeier

Dear ...

Yours, Jasper

✗ **Du kannst dir zu
jeder Karte ein Motiv
ausdenken und es
daneben zeichnen.**

Literatur-Kartei: „Das Austauschkind"

Eine Italienreise mit Folgen (1)

Lies dir das Kapitel „Mittwoch, 19. August" (S. 121–127) noch einmal sorgfältig durch. Nun schließe dein Buch und versuche, folgende Sätze zu vervollständigen. Wenn du bei einzelnen Aussagen nicht sicher bist, nimm das Buch trotzdem erst dann zur Hand, wenn du fertig bist.

- Bille und ihre Mutter brechen früher als erwartet ihren Einkaufsbummel ab,

   weil _____

- Ewalds Vater kommt eine halbe Stunde zu spät zum Essen,

   weil _____

- Mary verlangt von Jasper, keine „Dummheiten" zu machen,

   weil _____

- **Obwohl** Bille, Ewald und ihre Eltern von Mary wissen,

   _____

- Der Vater stimmt der Reise nach Rom zu,

   obwohl _____

- Der Vater stimmt der Reise nach Rom zu,

   weil _____

- Jasper beißt sich während des Telefongesprächs die Nägel kurz,

   weil _____

- Jasper möchte bei Mary leben,

   weil _____

- Jasper redet die halbe Nacht,

   weil _____

- Jasper möchte Mary in die USA folgen,

   obwohl _____

Was versteht man eigentlich unter Erziehung? (1)

*Viele der Probleme, die Ewald mit seinen Eltern hat,
aber auch zahlreiche Auseinandersetzungen zwischen Bille und ihren Eltern
hängen mit den Erziehungsmethoden in der Familie Mittermeier zusammen.
Obwohl die Eltern das Beste für ihre Kinder wollen, kommt es zu Konflikten.
Um die einzelnen Personen und ihr Handeln besser zu verstehen,
sollst du dich zunächst damit beschäftigen,
was man unter **Erziehung** überhaupt versteht.
In einem Lexikon findet man unter dem
Stichwort „Erziehung"
folgenden Eintrag:*

Unter **Erziehung** versteht man die körperliche, geistige und seelische Formung von Kindern, Jugendlichen und Erwachsenen durch erzieherische Kräfte; dazu zählen geistige, sittliche und technische Überlieferungen des jeweiligen Lebenskreises ebenso wie Sitten, Bräuche, Gesetze.

Für die Erziehung sind einzelne Personen (Eltern, Erzieher) ebenso wie Einrichtungen (Kindergarten, Kirche, Schule) verantwortlich.

Wer erzieherisch tätig wird, nimmt eine Art Vorbildfunktion ein.
Ziel der Erziehung ist es, die eigentliche menschliche Persönlichkeit auszubilden, das heißt Selbstbeurteilung, Selbstständigkeit, Verantwortung, Liebe; dazu tritt die Arbeit an sich selbst.
Ob die Erziehung eines Menschen glückt, hängt von seiner Veranlagung (z.B. Auffassungsgabe …) und dem erzieherischen Milieu ab.

✂ **Überlege dir zunächst, was unter dem Begriff
„erzieherische Kräfte" zu verstehen ist.
Fallen dir Sitten oder Gesetze ein, die die
Erziehung eines Menschen beeinflussen?**

_____

_____

✂ **Was versteht man eigentlich unter Selbstbeurteilung
und Selbstständigkeit? Gib jeweils ein Beispiel.**

_____

_____

✂ **Und du? Von wem wurdest du bisher erzogen?
Bedenke dazu auch, von wem du das, was du kannst,
gelernt hast (z.B. reden, lesen, schwimmen,
musizieren usw.).**

_____

_____

Literatur-Kartei: *„Das Austauschkind"*

Was versteht man eigentlich unter Erziehung? (2)

✂ Überlege dir je eine Fähigkeit oder Eigenschaft, die dir von folgenden Personen oder Institutionen beigebracht wurde.

Großeltern: _____

Fernsehen: _____

Vereine: _____

Bücher: _____

Freunde: _____

✂ Erziehung und Lernen hat viel mit Vorbildern zu tun. Wer war oder ist für dich ein Vorbild?
Nimm zwei Zettel oder Kärtchen und schreibe auf jeden eins deiner Vorbilder. Sammelt die Kärtchen ein und versucht, sie nach sinnvollen Kriterien (z.B. nach Familienmitgliedern, Freunden oder Prominenten) geordnet an der Pinn- oder Stellwand aufzuhängen.

✂ In dem Lexikonartikel auf dem ersten Arbeitsblatt steht, dass es Ziel der Erziehung sei, die Persönlichkeit eines Menschen auszubilden. Schreibe *in* den Kreis die Eigenschaften, die für dich eine Persönlichkeit ausmachen, *außerhalb* des Kreises die Aspekte, die dir für die Persönlichkeit unwichtig erscheinen. Vergleicht anschließend eure unterschiedlichen Vorstellungen in der Klasse.

Literatur-Kartei: *„Das Austauschkind"*

40

Weltwissen der Zwölfjährigen

Vor einiger Zeit ist ein Buch mit dem Titel „Weltwissen der Siebenjährigen" erschienen.
In diesem Buch geht es unter anderem darum, welche Erfahrungen
ein Kind im Alter von sieben Jahren bereits gemacht haben sollte.
Die Autorin Donata Elschenbroich meint zum Beispiel,
dass ein siebenjähriges Kind …

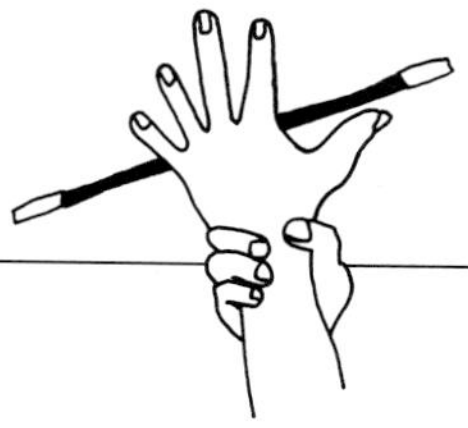

	kann ich/ habe ich	würde ich gerne können/tun	finde ich unsinnig
… zwei Zaubertricks beherrschen sollte.	☐	☐	☐
… auf einem Friedhof gewesen sein sollte.	☐	☐	☐
… wissen sollte, wie man drei verschiedene Tiere füttert.	☐	☐	☐
… ein Musikinstrument gebaut haben sollte.	☐	☐	☐
… eine Sammlung angelegt haben sollte.	☐	☐	☐
… eine Kissenschlacht gemacht haben sollte.	☐	☐	☐
… mit dem Vater gekocht, geputzt, Betten bezogen, gewerkelt, ganze Tage verbracht haben sollte.	☐	☐	☐
… eine E-Mail empfangen und gesendet haben sollte.	☐	☐	☐
… Obstsorten am Duft unterscheiden können sollte.	☐	☐	☐
… den eigenen Pulsschlag gefühlt haben sollte, und den von einem Freund und einem Tier.	☐	☐	☐

�֍ **Kreuze an, welche dieser Erfahrungen du bereits gemacht hast und welche Kenntnisse du gerne beherrschen würdest oder aber unsinnig findest.**

Nun bist du als Experte gefragt:
Der Verlag denkt darüber nach, eine erweiterte Ausgabe des Buches heraus-
zubringen, in der es um das „Weltwissen der Zwölfjährigen" geht.

✖ **Dazu bittet man dich um Mithilfe:**
Gefragt sind weniger die Kenntnisse, die dir in der Schule vermittelt werden (Grammatik, englische Vokabeln, Geometrie …), als allgemeine Lebenserfahrungen. Stelle eine entsprechende Liste zusammen – was du darin notierst, musst du nicht unbedingt selbst erlebt haben. Hier ein paar Beispiele: 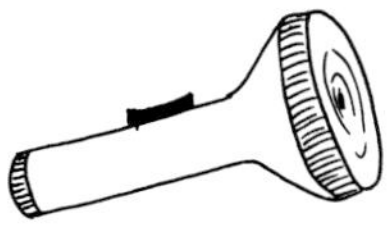
Mit zwölf Jahren sollte man bereits …
… einmal für Freunde gekocht haben.
… eine Nachtwanderung gemacht haben.
… einmal in einem fremden Land einkaufen gegangen sein, auch ohne die Sprache zu verstehen.
Hefte die Liste in deine Arbeitsmappe.

✖ **Erstellt zum Abschluss in eurer Klasse eine Hitliste des Wissens für Zwölfjährige.**

Literatur-Kartei: *„Das Austauschkind"*

Der Blick zurück: Erziehung im 18. Jahrhundert

*Die Erziehung von Kindern hat sich
im Laufe der Jahrhunderte stark verändert.
So war es beispielsweise noch im letzten Jahrhundert Mädchen
verboten, eine höhere Schule oder eine Universität zu besuchen.
Wie sehr Erziehung von der Umwelt
und von der jeweiligen Zeit abhängig ist,
macht folgender Auszug aus einer Schulordnung[1] deutlich.*

Auszug aus Pastor Rists Anweisung für Schulmeister niederer Schulen, welcher allein von der Schulzucht handelt

Sechste Regel

Man erlaube den Kindern durchaus nicht, allerlei Neuigkeiten in der Schule zu erzählen. Nur besonders merkwürdige Vorfälle, die nicht geheim gehalten werden können und deren Erzählung niemand schadet, z.B. ein Todesfall oder eine sehr auffallende glückliche oder unglückliche Begebenheit, möchten hier eine Ausnahme machen. Wenn ein Schulmeister selbst aus Neugierde, um alles, was im Orte vorgeht, zu erfahren, seinen Kindern durch allerhand Fragen zum Erzählen Gelegenheit gibt oder ihnen überhaupt dergleichen Plaudern in der Schule gestattet, so handelt er sehr unklug und unrecht, denn so werden die Kinder angewöhnt, alles immer von anderen zu erzählen, und werden nachher sich nicht selten Verdruss dadurch zuziehen.

Neunte Regel

Man leide es nicht, dass die Kinder allerhand Näschereien oder ihr Morgenbrot mit nach der Schule nehmen. Daraus entstehen allerhand Unordnungen, Störungen, Abzwackungen und Zänkereien. Ebensowenig muss es gelitten werden, dass die Kinder untereinander etwas verkaufen, vertauschen oder verschenken. Dadurch gewöhnen sie sich das Betrügen und Stehlen an. Alle Kinder müssen, soviel wie es nur möglich ist, immer beschäftigt werden. Dies befördert das Lernen, steuert dem Müßiggang, hält sie von manchen Unarten ab und erspart dem Lehrer manchen Verdruss und ihnen selbst manche Strafe.

 **Lies dir die Anweisungen zur Schulzucht durch, schlag im Lexikon die Wörter nach, die du nicht verstehst, und gib in eigenen Worten kurz den Inhalt der beiden Regeln wieder.
Schreibe auf ein Extra-Blatt und hefte es in deine Mappe.**

1) Aus: Taschenbuch für teutsche Schulmeister auf das Jahr 1790.
Von Christoph Ferdinand Moser, Pfarrer zu Wippingen und Lautern.

Literatur-Kartei: *„Das Austauschkind"*

42

Erziehung gestern und heute — ein Vergleich

✗ **Erläutere, was du von den Regeln aus der Schulordnung von 1790 hältst. Hast du eine Idee, was die Verfasser dazu gebracht hat, diese Anweisungen aufzustellen?**

_____

_____

_____

✗ **Und heute? Sind die Regeln von 1790 vollkommen überholt oder finden sich noch vergleichbare Vorschriften in eurem Schulalltag wieder?**

_____

_____

_____

_____

✗ **Suche in eurer eigenen Schulordnung nach Vorschriften, die es damals noch nicht gegeben haben kann (z.B. was Computer betrifft). Fällt dir auf, wie sich die Einstellung der Schule zu ihren Schülern verändert hat?**

_____

_____

_____

_____

Schule der Zukunft

✗ **Wenn du eine Schule erfinden dürftest, dann …**

… würde an jedem Arbeitsplatz ein Computer stehen.

… würden abwechselnd Schüler und Lehrer unterrichten.

… _____

… _____

… _____

Literatur-Kartei: _„Das Austauschkind"_

43

Der Gesetzgeber sagt

Erziehung ist nicht allein den Eltern überlassen.
In jedem Land gibt es Rechte und Pflichten,
an die sich Eltern bei der Erziehung ihrer Kinder halten müssen,
so zum Beispiel die Schulpflicht.

✗ **Lies dir zunächst die folgenden Auszüge aus den deutschen Gesetzestexten (BGB) durch und fasse in eigenen Worten zusammen, was der Gesetzgeber fordert.**

§ 1626 Elterliche Sorge:
Die Eltern haben die Pflicht und das Recht, für das minderjährige Kind zu sorgen (elterliche Sorge).

Bei der Pflege und Erziehung berücksichtigen die Eltern die wachsende Fähigkeit und das wachsende Bedürfnis des Kindes zu selbstständigem verantwortungsbewusstem Handeln. Sie besprechen mit dem Kind, soweit es nach dessen Entwicklungsstand angezeigt ist, Fragen der elterlichen Sorge und streben Einvernehmen an.

Zum Wohl des Kindes gehört in der Regel der Umgang mit beiden Elternteilen.

→ Damit ist gemeint, dass …
_____
_____
_____
_____
_____
_____

§ 1631 Die Personensorge umfasst insbesondere die Pflicht und das Recht, das Kind zu pflegen, zu erziehen, zu beaufsichtigen und seinen Aufenthalt zu bestimmen.

Kinder haben ein Recht auf gewaltfreie Erziehung. Körperliche Bestrafung, seelische Verletzungen und andere entwürdigende Maßnahmen sind unzulässig.

→ Eltern dürfen also …
_____
_____
_____
_____

§ 1631 a In Angelegenheiten der Ausbildung und des Berufes nehmen die Eltern insbesondere auf die Eignung und Neigung des Kindes Rücksicht. Bestehen Zweifel, so soll der Rat eines Lehrers oder einer anderen geeigneten Person eingeholt werden.

→ Das bedeutet, dass …
_____
_____
_____
_____

✗ **Überlegt euch in der Klasse gemeinsam Beispielsituationen, auf die sich diese Gesetzestexte beziehen lassen. Ihr könnt euch Situationen ausdenken, in denen gegen diese Gesetze verstoßen wird und Situationen, in denen im Sinne der Gesetze gehandelt wird. Diskutiert, ob ihr die Gesetze für sinnvoll haltet oder ob sie eurer Meinung nach noch ergänzt werden müssten.**

Literatur-Kartei: *„Das Austauschkind"*

44

Jede Familie ist anders – ein Interview

INFO: Das Interview

Ein Interview bietet die Möglichkeit, durch Fragen an eine Person Informationen zu Sachverhalten (z.B. zum Verlauf eines Fußballspiels) zu erhalten und gleichzeitig die persönliche Meinung des Interviewten zu erfahren (z.B. ob ihm das Spiel Spaß gemacht hat).
Wichtig ist es, die Reihenfolge der Fragen vorher festzulegen und möglichst verschiedene Fragetypen zu verwenden (Wo sind Sie geboren? Erklären Sie uns den Aufbau der Mannschaft. Sind Sie sicher, dass es gut war, den Spieler xy einzuwechseln?)
In einer Zeitung wird das Interview entweder wörtlich (mit Fragen und Antworten) oder in indirekter Rede innerhalb eines Artikels wiedergegeben. Die Meinung des Interviewten darf nicht verfälscht werden.

In einem Interview lässt sich viel über eine Person in Erfahrung bringen. In dem Interview, das du durchführen sollst, geht es darum, möglichst viel über die Familie deines Gegenübers zu erfragen:
Suche dir zunächst einen Partner und überlege dir, welche Fragen du ihm stellen willst.
Schreibe die Fragen auf und lege die Reihenfolge fest, in der du sie stellen willst. Versuche durch deine Fragen möglichst etwas zu erfahren, was noch niemand in deiner Klasse über deinen Interviewpartner und seine Familie weiß. Unten auf der Seite findest du einige Beispielfragen. Nun interviewe deinen Partner. Notiere dabei die Antworten, damit du sie nicht vergisst. Tauscht anschließend die Rollen.

TIPP

Du kannst das Interview auch mit einem Kassettenrekorder aufzeichnen.

Das Familieninterview

Name des Interviewten: ______________________________

1. Wer kocht bei euch am besten in der Familie?
2. Wie alt ist euer jüngstes und euer ältestes Familienmitglied?
3. Wie lange darfst du abends aufbleiben?
4. Wer legt fest, wohin ihr in den Urlaub fahrt?
5. Welche Putzregeln gelten bei euch?

6. ______________________________

7. ______________________________

8. ______________________________

9. ______________________________

© Verlag an der Ruhr | Postfach 10 22 51 | 45422 Mülheim an der Ruhr | www.verlagruhr.de

Ein Interview mit Familie Mittermeier

*Ihr sollt im Folgenden ein Interview
mit Ewald, Bille und Frau Mittermeier durchspielen.*

✗ **Vorher ist es nötig, dass du dir überlegst, was das Besondere
an dieser Familie ist. Schau dir dazu noch einmal den Anfang
des Romans an. Lies besonders S. 5 bis S. 12 Mitte noch einmal
gründlich durch.
Schau dir außerdem die Aufgaben vom Arbeitsblatt
„Arbeit mit dem Text" (S. 13) noch mal genau an.
Jetzt schreibe in eigenen Worten auf, was du bisher
über Ewalds Familie erfahren hast:**

_____

_____

_____

_____

_____

_____

✗ **Nun könnt ihr das angekündigte Interview durchführen.
Dazu müsst ihr zunächst die Rollen besetzen
(Interviewer, Bille, Ewald, Mutter).
Der Interviewer überlegt sich – am besten unterstützt von
zwei Assistenten – Fragen, die er den verschiedenen Personen
stellen möchte. Notiert diese. Ewald, Bille und ihre Mutter
üben währenddessen ihre Rolle.
Einigt euch anschließend darauf, in welchem Rahmen
das Interview durchgeführt werden soll:
auf einem Elternabend, bei einer Talkshow im Fernsehen ...
Spielt den anderen euer Interview vor.**

Literatur-Kartei: *„Das Austauschkind"*

Erziehungsprinzipien – oder: Wie Ewald und Bille erzogen werden

Aus Ewalds Erzählung wird deutlich,
worauf in der Familie Mittermeier besonderer Wert gelegt wird,
was von den Kindern erwartet wird, was erlaubt und was verboten ist.
Es gibt sowohl ungeschriebene Regeln
als auch deutlich formulierte Forderungen.

Mache während deiner Lektüre Notizen, an welchen Stellen im Text es um Erziehungsprinzipien geht. Trage diese Aussagen in Stichworten in die Tabelle ein. Überlege dir am Ende, ob und wie diese Regeln und Erwartungen durch den Aufenthalt von Jasper verändert werden.

Textstelle	Erziehungsprinzipien	Veränderung dieser Prinzipien durch Jasper
S. 7, Z. 11	Gute Noten sind sehr wichtig für die Mutter.	Die Mutter sieht ein, dass sich trotz des Schüleraustausches Ewalds Englisch nicht verbessert, er aber einen Freund gewonnen hat.
S. 78, Z. 12	Die Mutter liebt Ordnung.	

Aufklärung — Dr. Sommer rät

*Du arbeitest in der Leserbriefredaktion von „Bravo"
und erhältst folgenden Brief von Paul (12 Jahre):*

Liebe Bravo,
meine Eltern sprechen nie mit mir über meine Freundinnen.
Als ich neulich Anna mit nach Hause gebracht habe, haben sie
schnell weggeguckt. Abends ist mein Vater dann in mein Zimmer
gekommen und hat gesagt, dafür sei ich noch viel zu jung. Er hat
sich nicht einmal getraut, auszusprechen, was er damit eigentlich
meint. Wir haben zu Hause noch nie über Sexualität geredet.
Es ist mir furchtbar unangenehm, dass meine Eltern sich bei allem,
was nur irgendwie mit Sex zu tun hat, so seltsam verhalten.
Das ist mir ziemlich peinlich vor Anna und außerdem würde ich
meine Eltern schon gerne einiges fragen. Ich weiß nämlich nicht,
wen ich sonst fragen könnte.
Wisst ihr, was man da machen kann?
Paul

✄ **Kannst du dir vorstellen, warum Paul
das Verhalten seiner Eltern vor Anna peinlich ist?**
Er will nicht, dass Anna denkt, …

_____

Was antwortest du Paul?

_____

_____

✄ **Beantworte die beiden Fragen unten auf dieser Seite (anonym!)
und trenne den Teil der Seite ab. Sammelt diese Zettel
anschließend ein und macht zwei Strichlisten an der Tafel.
Diskutiert die Ergebnisse.**

✄ **Hast du eine Idee, warum es vielen Erwachsenen so schwer
fällt, mit ihren Kindern über Sexualität zu sprechen?**

_____

_____

- -

Von wem wurdest du aufgeklärt?

☐ Eltern   ☐ Schule

☐ Geschwister   ☐ Zeitschriften, Fernsehen

☐ Freunde   ☐ gar nicht

In welchem Alter?

Mit _____ Jahren.

Literatur-Kartei: „Das Austauschkind"

48

Aufklärung — ohne Worte

In der Familie Mittermeier werden über viele Angelegenheiten, die Bille und Ewald betreffen, nicht viele Worte verloren. Dazu zählt auch die Aufklärung.

Am nächsten Morgen, beim Frühstück, teilte mir meine Mutter mit, dass sie mit dem Papa die Oxford-Sache noch einmal durchgesprochen habe und dass sie beide nach reiflicher Überlegung zu dem Schluss gekommen seien, dass so ein Englandaufenthalt doch nicht das Richtige für mich sei. „Warum denn nicht, auf einmal?", fragte Sybille und schielte mir dabei über den Rand ihres Kaffeehäferls zu. „Er ist doch noch zu jung", sagte meine Mutter.
(S. 17, Z. 25 – S. 18, Z. 5)

Wofür ist Ewald noch zu jung?

____

____

Wie kommt es, dass die Eltern ihre Meinung plötzlich geändert haben?

____

____

Lies dir noch einmal Seite 18–21 durch. Gib in eigenen Worten wieder, worüber Bille sich so aufregt.

____

____

Als es um das Thema Aufklärung geht, schwindelt Ewald vor, er sei bereits in der Schule gründlich aufgeklärt worden. Erkläre, warum Ewald seinen Vater anlügt.

____

____

Wofür bekommt Ewald von seinem Vater einen nagelneuen Silber-Hunderter geschenkt?

____

____

Die Ohrfeige (1)

Samstags wird gewöhnlich in der Familie Mittermeier
ein Ausflug unternommen. Doch der erste Samstag mit Jasper
„war eine gewaltige Katastrophe, die schon in der Früh anfing"
und mit zwei Ohrfeigen endete.

✗ **Beschreibe, wie es zu den Ohrfeigen gekommen ist.
Erkläre dazu genau, worüber sich der Vater und
Bille ärgern. Am besten liest du dir noch einmal
das Kapitel „Samstag, 25. Juli" (S. 73–83) durch
und notierst die unterschiedlichen Meinungen
und Reaktionen.**

Vater	Bille
Erziehung funktioniert nur, wenn man Kinder eng an der Hand führt.	Bille findet diese Meinung unsinnig und antwortet mit „Amen".
Der Vater ärgert sich über Billes freche Antwort und sagt, sie habe keine Ahnung. Er droht ihr.	

Billes letzte Äußerung in der Auseinandersetzung lautet:
„Wie ich euch hasse! Könnt ihr denn keinen Menschen in Ruhe lassen!
Müsst ihr jeden zwingen, so zu sein, wie ihr es wollt?
So lasst doch wenigstens den armen Jasper in Frieden!
Ihr seid quadratkarierte Spießer!"
(S. 81, Z. 21–24)

✗ **Versetze dich in den Vater und schreibe auf, was ihm
nach diesem Kommentar im Kopf herumgeht.**

_____

_____

_____

Die Ohrfeige (2)

DISKUSSION

✖ **Diskutiert in eurer Klasse, was ihr davon haltet, wenn Eltern ihren Kindern eine Ohrfeige geben. Bevor ihr anfangt, sollte sich jeder kurz über folgende Punkte Gedanken machen:**

- War es Absicht von Billes Vater, ihr eine Ohrfeige zu geben?

- Wer von den beiden hat Schuld an der Situation?

- Hast du auch schon einmal eine Ohrfeige bekommen? Erinnerst du dich noch an den Grund?

- Gibt es Bedingungen, die eine Ohrfeige rechtfertigen?

Nun bestimmt eine Person, die die Diskussion leitet. Wenn ihr euch nicht einigen könnt, schreibt die Namen auf Zettel und lost einen Diskussionsleiter aus.

✖ **Ewald berichtet, dass Bille die Ohrfeigen wie eine Königin entgegennahm. Erkläre, was damit gemeint ist und was die Ursache von Billes Haltung ist.**

_____

_____

_____

✖ **Stell dir vor, das Buch würde genau nach Billes Äußerung abbrechen und du hättest die Möglichkeit, das Kapitel ohne Ohrfeigen weiterzuerzählen:**
Der Vater ...

... ließ seine schon erhobene Hand sinken und ...

Die Strafe

Bille soll für ihr unangemessenes Verhalten gegenüber ihrem Vater (siehe Kapitel „Samstag, 25. Juli", Seite 73–83) bestraft werden, indem sie einen Tag in der Wohnung eingeschlossen wird.

✗ **Nimm dir zwei Zettel oder Kärtchen und notiere auf der ersten Karte eine Situation, für die du schon einmal bestraft wurdest. Beschreibe auf dem anderen Zettel kurz die Strafe, die du erhalten hast.**
Du musst deinen Namen nicht auf die Zettel schreiben.

SITUATION

Obwohl ich mit meiner Mutter abgemacht hatte, dass ich um 19.00 Uhr zu Hause sein würde, bin ich erst um 20.00 Uhr gekommen.

STRAFE

Der gemeinsame Kinobesuch wurde gestrichen.

✗ **Sammelt die Zettel ein und ordnet sie auf einer Pinnwand nach vergleichbaren Situationen. Diskutiert anschließend darüber, ob eine Bestrafung überhaupt sinnvoll ist und welche Strafen ihr für angemessen haltet.**

✗ **Jetzt sucht euch in 3er- oder 4er-Gruppen eine Situation von der Pinnwand aus und spielt diese. Überlegt euch dabei zwei verschiedene Lösungen: einmal mit einer Strafe und einmal mit einer anderen Lösung des Problems.**
Spielt die Szenen in der Klasse vor und diskutiert, ob es andere, bessere Lösungsmöglichkeiten für die jeweiligen Situationen geben kann.

✗ **Wie sieht es bei Bille und ihrem Vater aus? Haltet ihr die Strafe für angemessen? Führt sie zu einer Änderung von Billes Verhalten? Hätte es eine andere Lösungsmöglichkeit gegeben, die für beide Seiten – für Bille und den Vater – akzeptabel gewesen wäre?**

_____

_____

_____

_____

Literatur-Kartei: *„Das Austauschkind"*

© Verlag an der Ruhr | Postfach 10 22 51 | 45422 Mülheim an der Ruhr | **www.verlagruhr.de**

Ein nächtliches Gespräch

*Während Bille und Jasper nach den beiden Ohrfeigen
in die Wohnung der Mittermeiers eingesperrt wurden,
hat Ewald den Samstag alleine mit seinen Eltern verbracht.
Als er abends nach Hause kommt, will ihm Bille noch etwas Wichtiges berichten.
Doch ehe es dazu kommt, ist Ewald schon eingeschlafen.*

Hast du die Tür auch gut geschlossen, damit uns niemand hören kann?

Ja. Nun erzähl schon. Hat sich Jasper aus seinem Zimmer getraut?

Nicht nur aus seinem Zimmer. Kurz nachdem die Eltern gegangen waren, habe ich …

✗ **Schreibe dieses ungeführte Gespräch auf:**

_____

_____

_____

_____

_____

_____

_____

✗ **Such dir einen Partner und spiele mit ihm das Gespräch nach.
Wenn ihr wollt, könnt ihr es auch zu Hause auf einem
Kassettenrekorder aufnehmen und am nächsten Tag
in der Klasse vorspielen.**

✗ **Überlege dir, wie Bille mit Jasper ins Gespräch
gekommen ist.**

_____

_____

_____

Literatur-Kartei: *„Das Austauschkind"*

53

Eine richtige Familie

*Ewalds Mutter blättert in einer Zeitschrift und findet
einen Artikel mit der Überschrift „Eine richtige Familie".
Die Leser werden aufgefordert, ihre
Erziehungsgrundsätze kurz und bündig zu formulieren.
Da die erfolgversprechendsten Erziehungsrezepte prämiert werden,
macht sich Frau Mittermeier sofort an die Arbeit:*

*Bille fällt durch Zufall der Brief ihrer Mutter in die Hände.
Sie liest die Zeilen und kann darüber nur den Kopf schütteln.
Zu vielen der dargestellten Grundsätze hat sie eine eigene Meinung,
die von der ihrer Mutter stark abweicht.
Deshalb kommentiert sie den Brief der Mutter, bevor sie ihn zur Post bringt.*

*Als in der Redaktion der kommentierte Brief eintrifft,
beschließt man, Mutter und Tochter zu einer Diskussionsrunde
zum Thema „Regeln ja oder nein – Grundzüge der Erziehung" einzuladen.
Das Gespräch soll mitgeschnitten und in einer der
folgenden Ausgaben veröffentlicht werden.*

� **Spielt dieses Gespräch in der Redaktion nach;
dazu sollte neben Bille und ihrer Mutter auch
die Rolle einer Redakteurin, die das Gespräch
moderiert, besetzt werden.**

✖ **Diskutiert im Anschluss in eurer Klasse darüber,
welche Regeln bei euch zu Hause herrschen, ob ihr
sie angemessen findet und was ihr verändern würdet.
Es ist sinnvoll, wenn ihr einen aus eurer Klasse bestimmt,
der das Gespräch leitet. Es bietet sich an, zunächst
die Themen, über die diskutiert werden soll, an der Tafel
zu sammeln, z.B. Taschengeld, Ordnung, Freunde.**

Literatur-Kartei: *„Das Austauschkind"*

Das Problemkind

Während Frau Mittermeier neue Milchvorräte für Jasper einkauft,
hat Bille einen weiteren Anruf von den Pickpeers entgegengenommen.
Dabei wurde deutlich, dass diese ihren eigenen Sohn
als Problemkind bezeichnen.
(Kapitel „Dienstag, 21. Juli", S. 67–71)

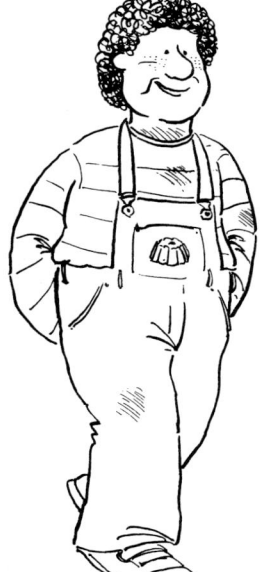

✖ **Was verstehen die Pickpeers darunter?**

_____

_____

Bille hat noch eine weitere Tatsache am Telefon erfahren,
nämlich dass Jasper bei einem Psychologen ist.
Auf diese Mitteilung reagiert ihre Mutter erschrocken.

✖ **Erkundige dich zunächst, was ein Psychologe macht.**
Überlege dir nun, warum Billes Mutter erschrocken
auf die Nachricht reagiert, dass Jasper zum Psychologen geht.
Schreibe ihre Gedanken in Form eines Tagebucheintrags auf.

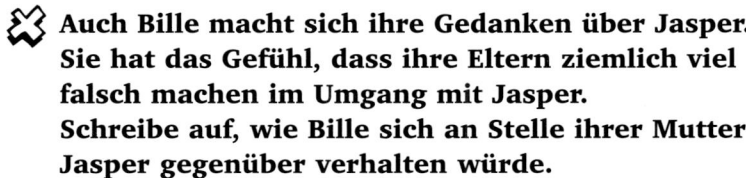

Dienstag, 21. Juli

Natürlich, jeder Mensch hat Probleme, aber zur Lösung benötigt man doch nicht
gleich einen Psychologen. Das …

✖ **Auch Bille macht sich ihre Gedanken über Jasper.**
Sie hat das Gefühl, dass ihre Eltern ziemlich viel
falsch machen im Umgang mit Jasper.
Schreibe auf, wie Bille sich an Stelle ihrer Mutter
Jasper gegenüber verhalten würde.

Mittwoch, 22. Juli

Jeder Mensch hat ein Recht auf eine Privatsphäre, einen Raum,
den niemand betreten darf. Also …

Literatur-Kartei: *„Das Austauschkind"*

55

Auf dem Weg zu einer Freundschaft (1)

Im Folgenden findest du fünf verschiedene Situationen aus dem „Austauschkind".
Die Szenen brechen zum Teil sehr plötzlich ab:
Entweder sind die Gedanken und Gefühle einer Person ausgelassen
oder aber es fehlt ein mögliches Gespräch.

Bildet Dreier bis Fünfer-Gruppen. Sucht euch pro Gruppe eine der Szenen aus. Spielt die Szene zuerst so nach, wie sie im Text wiedergegeben ist. Überlegt euch dabei, wie die Situation weiter verlaufen könnte. Lest euch dazu den Tipp zu jeder Szene durch. Übt die Szene und ihre Fortsetzung ein und spielt den anderen Gruppen euer Ergebnis vor. Macht z.B. durch eine Pause, eine Ankündigung oder aber durch einen Ortswechsel deutlich, wo eure eigene Szene beginnt.

Einen Freund beleidigen

„Er ist durch und durch falsch ernährt", sagte sie. „Das sieht man ja auch. Sonst wäre er nicht so ein schwammiges Monster!"
Da schob ich meinen Teller weg und stand auf.
„Isst du nicht auf?", fragte die Mama.
Ich sprach: „Nein! Weil ich mir nicht anhören kann, wie du meinen Freund beleidigst!"
Und dann sprach ich zum Papa: „Du hast immer wollen, dass ich einen Freund habe! Jetzt habe ich einen! Und den lasse ich mir nicht beleidigen!"
Bille schaute mich anerkennend an.
„Meint er", fragte die Mama den Papa, „dass der Jasper sein Freund ist?"
„Er meint es!", sagte der Papa und rieb sich mit einem Zeigefinger den Nasenrücken. Was bei ihm ein Anzeichen dafür ist, dass er heftig nachdenkt. Dabei wollte ich ihn nicht stören. Ich verließ das Wohnzimmer und ging in Jaspers Zimmer auf eine Pokerpartie.
(S. 99, Z. 4–21)

TIPP

Überlegt euch, worüber der Vater nachdenkt und stellt diese Gedanken in Form eines Selbstgesprächs oder einer Unterhaltung mit seiner Frau oder einem Freund dar.

Schlechter Einfluss

Da der Papa wieder in die Arbeit gehen musste, hatten wir einen friedlichen Tag. Jasper blieb ungewaschen und musste auch nicht zum Frühstückstisch kommen.
Bloß sein Zimmer musste er zur Säuberung freigeben, und dabei kam es zu einem kleinem Zusammenstoß mit der Mama, weil die Mama etliche von Jaspers Steinen, die am Fußboden lagen, aufhob und in einen Karton warf.
Da knurrte Jasper wieder, und zwar derart böse, dass die Mama den Staubsauger nahm und beleidigt das Zimmer verließ.
Auf Bille und mich war die Mama auch nicht gut zu sprechen. Ich glaube, es passte ihr nicht, dass wir uns mit Jasper vertrugen.
Wahrscheinlich war er für sie der Prototyp von „Kind, das schlechten Einfluss ausübt".
Vor solchen Kindern hat sie, seit Bille und ich auf der Welt sind, einen unheimlichen Horror.
(S. 92, Z. 19–28)

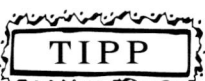

TIPP

Überlegt euch, wie ein mögliches Gespräch (entweder zwischen Bille und Ewald oder aber zwischen Mutter und Kindern) über das Thema schlechter Einfluss verlaufen könnte und spielt es.

Literatur-Kartei: *„Das Austauschkind"*

© Verlag an der Ruhr | Postfach 10 22 51 | 45422 Mülheim an der Ruhr | www.verlagruhr.de

Auf dem Weg zu einer Freundschaft (2)

Der Diebstahl

Jasper fragte ich nicht, ob er mich in den Supermarkt begleiten will, weil man ihn im Supermarkt nicht gebrauchen kann. Er steckt nämlich Sachen ein. Ich meine – hart gesagt: Er stiehlt. Kaugummi und saure Drops und Schokolade und überhaupt alles, was ihm möglich scheint. Er macht das geschickt. Bille und ich, wir haben nie im Laden gemerkt, dass er etwas eingesteckt hat. Erst wenn er es uns dann auf der Straße gezeigt hat, haben wir es überrissen.
Er sieht nicht ein, dass das blöd ist. Er sagt, der Ladenbesitzer berechnet die Preise sowieso schon so, dass er zehn Prozent Gestohlenes einberechnet. Wenn jetzt niemand mehr stiehlt, sagt er, verdienen die Ladenbesitzer noch mehr. (...) Blöd ist nur, dass immer dieselben Leute stehlen, dadurch zahlen die drauf, die nie stehlen. Aber er kann nichts dafür, sagt er, dass manche Leute Ehrlichkeitsfanatiker sind. So ist der Jasper eben!
(S. 100, Z. 12 – S. 101, Z. 4)

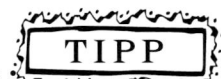

TIPP

Ewald und Bille teilen Jaspers Meinung nicht. Überlegt euch weitere Argumente gegen oder für Ladendiebstähle und spielt mit diesen Ergänzungen das Gespräch nach.

Einen schlechten Stand haben

Je drei Monate lang, erzählte uns Jasper, war er schon in vier Internaten gewesen. In englischen privaten Knabenschulen. Aus zweien hatten sie ihn rausgeworfen, aus zweien war er davongerannt. Und wenn sie ihn aus den ersten nicht rausgeworfen hätten, wäre er auch dort davongerannt; denn in solchen Internaten, sagte Jasper, geht es scheußlich-awfully zu. Die Lehrer sind Ekel, und die größeren Schüler sind angeblich noch größere Ekel. Und einer wie Jasper, der nicht ganz so ist wie die anderen, der hat dort einen besonders schlechten Stand. Überhaupt, wenn er ein bisschen ungeschickt ist und sehr unsportlich.
(S. 97, Z. 3–14)

TIPP

Überlegt, welche Eigenschaften Jaspers dazu führen, dass er in den Internaten mit Schülern und Lehren Probleme bekommt und es nie lange dort aushält. Spielt eine solche Internatsszene nach oder spielt eine Szene, in der Bille und Ewald mit Jasper über sein Verhalten und seine Eigenschaften sprechen.

Eingesperrt

„Open the door, Jasper, and let me in!", rief er an ein Dutzend Mal.
Im Bad rührte sich nichts.
„Auf die Bille hört er noch am ehesten", sagte die Mama reichlich nervös.
„Bille muss ihn rausholen!"
Sie lief zu Billes Zimmertür, drückte auf die Klinke, rüttelte an ihr, rief:
„Mach die Tür auf, Bille, und lass mich rein!"
Es war eine Wahnsinnssituation! Je ein Elternteil rüttelnd und Einlass heischend vor je einer weißlackierten Tür!
Der Papa gab das Irrsinnsunterfangen zuerst auf.
„Schön!", sagte er verbittert. „Sollen sie eben drin bleiben! Wir fahren!"
(S. 82, Z. 22 – S. 83, Z.6)

TIPP

In dieser Szene wagt Ewald nicht zu widersprechen. Stellt euch vor, Ewald wäre in dieser Situation mutiger gewesen und hätte Bille und Jasper beigestanden und sich seinen Eltern widersetzt. Spielt die Szene entsprechend weiter.

Projekt

Wenn ihr alle Szenen gespielt habt, könnt ihr euch überlegen, daraus ein kleines Theaterstück über das *„Austauschkind"* zusammenzustellen. Fehlende Übergänge lassen sich beispielsweise durch einen Sprecher oder durch weitere Szenen überbrücken. Das fertige Stück könnt ihr auf einem Elternabend oder einer anderen schulischen Veranstaltung vorführen.

Ein Freund ist ...

�֍ Überlege dir, was einen guten Freund ausmacht.
Welche Eigenschaften sollte er haben und was erwartest
du von ihm? Besorgt euch zwei große farbige Pappen,
die ihr in der Klasse aufhängt. Schreibt darauf eure
Erwartungen, die ihr an einen Freund/eine Freundin habt.
Als Überschrift könnt ihr „Ein Freund sollte ..."
und „Ein Freund sollte nicht ..." wählen.

EIN FREUND SOLLTE ...

EIN FREUND SOLLTE NICHT ...

✖ Überlege dir, was für einen Freund sich Herr Mittermeier
für seinen Sohn wünscht. Schreibe in wenigen Sätzen auf,
wie er wohl aussähe, welche Hobbys er hätte usw.
Warum glaubt der Vater, es täte Ewald gut, einen Freund
zu haben?

_____

_____

_____

✖ Was, glaubst du, findet Ewald an Jasper interessant
oder symphatisch? Meinst du, Ewald und Jasper sind
sich in manchen Dingen ein bisschen ähnlich?
Suche Textstellen, die etwas über Ewalds Gefühle
Jasper gegenüber verraten, und schreibe sie
in eigenen Worten kurz auf.

_____

_____

_____

Literatur-Kartei: _„Das Austauschkind"_

58

Jaspers Vergangenheit erklärt vieles (1)

Während Herr und Frau Mittermeier krank im Bett liegen, macht Ewald den Familieneinkauf und trifft dabei auf Peter Stollinka. Beim Gang durch den Supermarkt erfährt Ewald Einiges über Jaspers Vergangenheit. (Kapitel „Samstag, 1. August“, S. 100–106)

Mache eine Liste aller wichtigen Familienmitglieder aus Jaspers Familie und versuche, in einem Stammbaum die Familienverhältnisse darzustellen (vgl. dazu die Seiten 102–104).

INFO: Stammbaum

In einem Stammbaum sind die Verwandschaftsverhältnisse wiedergegeben. So kann man erkennen, wer wie mit wem verwandt ist.

♂ steht für männlich

♀ steht für weiblich

Erstelle nun auch für deine eigene Familie einen Stammbaum, der möglichst weit zurück reicht. Frage dazu deine Eltern und Großeltern und schau im Stammbuch eurer Familie nach. Du kannst deinen persönlichen Stammbaum auch mit Fotos ergänzen.

Gib in eigenen Worten Jaspers familiäre Probleme wieder.

____

____

Erkläre, warum Jasper von seiner Familie in Internate gesteckt wurde.

____

____

© Verlag an der Ruhr | Postfach 10 22 51 | 45422 Mülheim an der Ruhr | www.verlagruhr.de

Jaspers Vergangenheit erklärt vieles (2)

Als Ewald seiner Familie alles über Jaspers Familie und Vergangenheit berichtet hat, blickt er in erschütterte Gesichter. Doch bei dieser ersten Betroffenheit bleibt es nicht: Ewalds Eltern bemühen sich auf einmal gewaltig um Jasper.

✖ **Trage zusammen, was sich am Verhalten der Eltern ändert; stelle dazu die Situation vorher der nachher gegenüber.**

Vorher	Nachher
Frau Mittermeier hat die Speisekammer abgeschlossen.	Die Speisekammer bleibt geöffnet und Jasper darf sich bedienen.

✖ **Wie verändert sich durch diese neue Situation das Verhältnis zwischen Jasper und der Familie Mittermeier?**

_____

_____

✖ **Und Jasper? Wie reagiert er auf die veränderte Situation?**

_____

_____

_____

Literatur-Kartei: „Das Austauschkind"

© Verlag an der Ruhr | Postfach 10 22 51 | 45422 Mülheim an der Ruhr | www.verlagruhr.de

Jemanden mögen, ohne ihn zu verstehen ...

*Vor Beginn der Sommerferien war es Ewalds größter Traum,
mehrere Wochen alleine im Schrebergarten seiner Großmutter zu verbringen.
Nach Jaspers Abreise haben sich zwar Ewalds Sprachkenntnisse
nicht verbessert, aber er hat einen Freund gewonnen.*

✖ **Überlege dir, was Ewald, Bille und Jasper
von einem Freund/einer Freundin erwarten.**

Was Ewald an Jasper mag:	Was Bille an Jasper fasziniert:	Und Jasper? Warum gibt er seine anfängliche Zurückhaltung auf?

✖ **Erkläre, was Bille mit folgendem Satz, den sie
ihrer Mutter gegenüber äußert, meint:
„Auf die Idee, Leute einfach so zu mögen,
ohne dass man sie versteht, kommst du nicht."
(S. 109, Z. 18–20)**

_____

_____

_____

✖ **STANDBILD**
**Stelle die Beziehung zwischen Bille, Ewald und Jasper
in zwei Standbildern dar: Das eine gibt die Situation
zu Beginn der Sommerferien wieder, das andere zu Ende.
(Wenn du nicht mehr genau weißt, was bei einem Standbild
zu beachten ist, lies auf dem Arbeitsblatt „Eine Figur nimmt
Form an: Das Standbild" auf S. 25 nach.)**

Literatur-Kartei: *„Das Austauschkind"*

© Verlag an der Ruhr | Postfach 10 22 51 | 45422 Mülheim an der Ruhr | www.verlagruhr.de

Das Beste für Jasper

Bevor Familie Mittermeier mit Jasper Rom erreicht,
telefonieren sie von Florenz in die Hauptstadt.
Als sie Mary und ihren Mann nach langem Suchen tatsächlich
in einem Hotel in Rom ausfindig machen,
ist Mary dagegen, dass Jasper sie in Rom besucht.
Daraufhin dreht Jasper durch.

✖ **Schildere Jaspers Gefühle in einem inneren Monolog:**

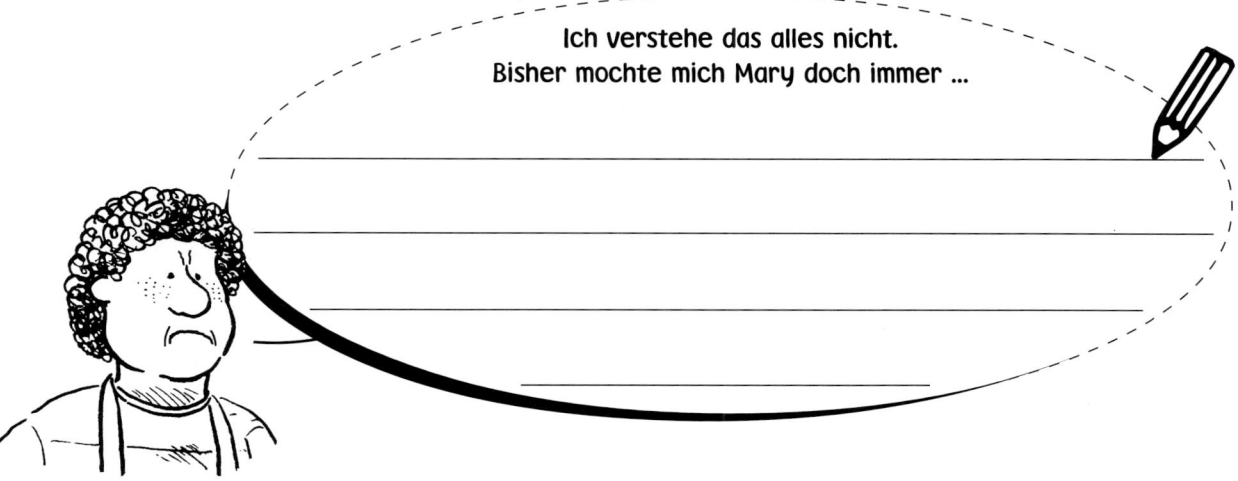

Ich verstehe das alles nicht.
Bisher mochte mich Mary doch immer ...

✖ **Kannst du dir vorstellen, wieso Mary Jaspers Besuch ablehnt? Schreibe ihre Argumente in Form eines Gesprächs mit ihrem Mann auf.**

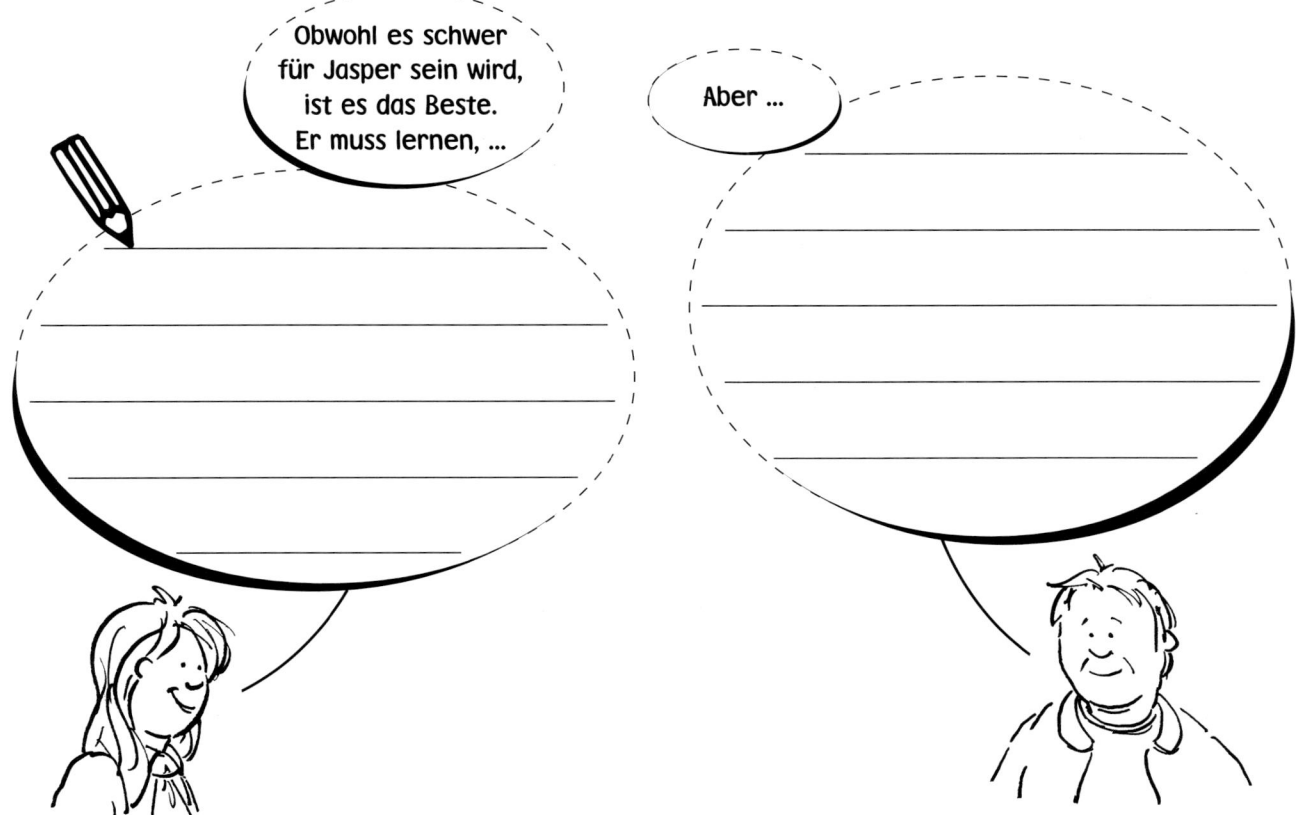

Obwohl es schwer
für Jasper sein wird,
ist es das Beste.
Er muss lernen, ...

Aber ...

Literatur-Kartei: *„Das Austauschkind"*

© Verlag an der Ruhr | Postfach 10 22 51 | 45422 Mülheim an der Ruhr | www.verlagruhr.de

Der Abschiedsbrief (1)

Seit der überstürzten Abreise aus Italien hat Jasper kein Wort mehr gesprochen.
Auch während der Rückfahrt nach Wien redet er nicht über die Vorfälle.
Als am nächsten Nachmittag kein Laut aus Jaspers Zimmer dringt,
macht sich Ewald Sorgen um seinen Freund. Jasper ist verschwunden.
Ewald findet einen Brief:

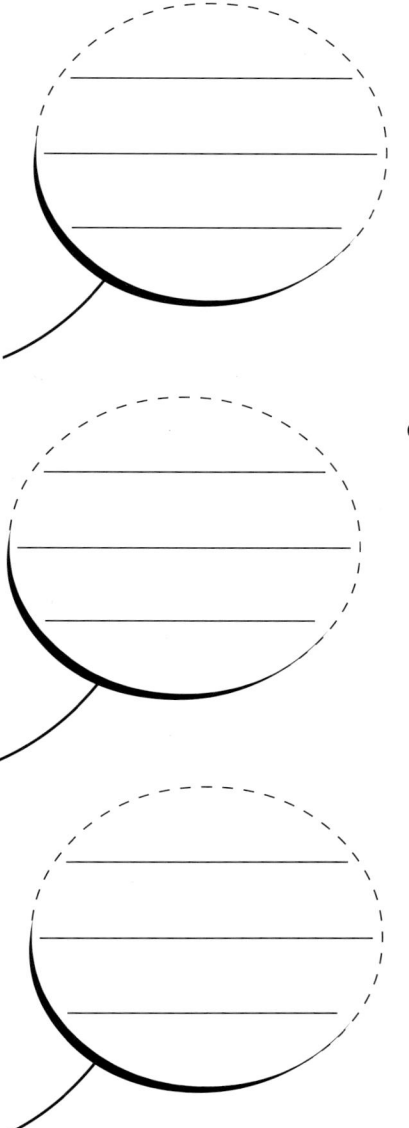

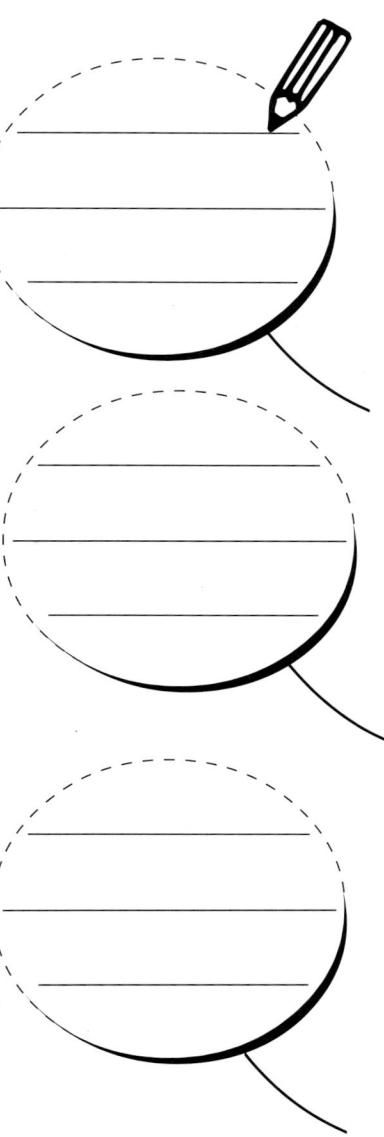

Die Buchstaben von der Hinterseite
schimmerten auf die Vorderseite durch
und machten alles noch weniger lesbar.
Ziemlich klar war nur: Jasper meinte,
die Mary mochte ihn nicht mehr.
Die Gründe, die sie ihm am Telefon fürs
Nicht-Sehen-Können angegeben hatte,
fand er dumm und lächerlich.
Und wir, meinte er, wir würden ihn nun
auch nicht mehr mögen, weil er sich so
aufgeführt hatte. Und er lege, schrieb er,
auch überhaupt keinen Wert mehr darauf,
dass ihn irgendwer mag. Die Steinsammlung,
schrieb er, vermache er der Bille.
Und seine Kleider vermache er mir.
Er gehe jetzt weg, schrieb er, und er
gehe zum Bahnhof. Den Weg dorthin werde
er schon finden. Dort werde er sein Geld,
sein englisches, gegen österreichisches
umtauschen und sich um das Geld eine
Bahnkarte kaufen. Eine für einen ganz
schnellen Zug. Wenn man aus einem
ganz schnellen Zug springt, schrieb er,
ist man mit Sicherheit ganz schnell tot.
Gift habe er leider keines. Und das sei
auch zu unsicher. Und wenn er ins Wasser
springt, dann schwimmt er sicher ans Ufer.
Er kann sich nicht vorstellen, dass ein so
guter Schwimmer wie er ertrinken kann.
Zum Schluss schrieb er noch,
daß er uns alle mag und Bille liebt.
(S. 136, Z. 8 – S. 137, Z. 2)

✄ **Notiere in den Sprechblasen, was du zu Jaspers Brief**
denkst, was du ihm raten, ihn fragen oder ihm sagen willst.
Verbinde diese Kommentare mit der Textstelle,
auf die sie sich beziehen.

Literatur-Kartei: *„Das Austauschkind"*

Der Abschiedsbrief (2)

Als nach der Suchaktion Jasper wohlbehalten
wieder bei Mittermeiers angekommen ist,
unterhalten sich Bille und Ewald über das Ereignis
(S. 139, Z. 15–25):

„Ich war sicher,
dass er sich nicht aus dem Zug stürzt!
Er wollte uns nur darauf aufmerksam machen,
wie er leidet!"

„Das kannst du
doch nicht wissen!"

„Doch!
Er hat es tatsächlich nicht tun wollen.
Ich hab mir den Fahrplan angesehen.
Da sind schon drei schnelle Züge abgefahren
gewesen, seit er auf dem Bahnhof war.
Aber er ist nicht eingestiegen.
Er hat gewartet. Auf uns
hat er gewartet!"

Was sagst du zu Billes Einschätzung?
Antworte ihr:

_____

_____

_____

DISKUSSION

Sicherlich habt ihr in eurer Klasse unterschiedliche
Meinungen zu Jaspers Selbstmordversuch.
Führt dazu ein Streitgespräch und bestimmt eine Person,
die das Gespräch moderiert.
Folgende Fragen könnt ihr dabei berücksichtigen:
- **Hat jemand das Recht, sich das Leben zu nehmen?**
- **Wie hat sich Jasper gefühlt, als er den Abschiedsbrief**
  geschrieben hat?
- **Wollte sich Jasper tatsächlich das Leben nehmen**
  oder wollte er nur – wie Bille vermutet – auf seine
  Probleme aufmerksam machen?
- **Ist es – aus deiner Sicht – erlaubt, dazu zu einem**
  solchen Mittel zu greifen?

Welche Umstände können noch dazu führen,
dass sich eine Person das Leben nehmen will?

_____

_____

_____

Literatur-Kartei: *„Das Austauschkind"*

Die Verlobung

„Er liebt dich, Bille!"
„Sowieso!", sagte Bille, nicht ohne Stolz.
„Nicht sowieso", sagte die Mama, „er will sich mit dir verloben!"
„Heiliger Strohsack!", murmelte Bille und sank auf dem Mistkübel nieder
und saß dort wie auf einem sehr großen Nachttopf.
Noch nie hatte ich meine Schwester ratloser gesehen.
(S. 143, Z. 27 – S. 144, Z. 6)

✗ **Überlege dir, warum Bille so ratlos ist.**
Was spricht für sie gegen eine Verlobung?
Warum finden Ewald und seine Mutter
die Idee hingegen gar nicht so schlecht?

Billes Bedenken	Die Meinung von Ewald und seiner Mutter
Jasper ist viel zu jung.	Jasper hat nach dem Verlust von Mary niemanden, den er liebt.

Während Bille, Ewald und ihre Mutter in der Küche über
Jaspers Wunsch, sich mit Bille zu verloben, diskutieren, sitzt
dieser in seinem Zimmer und verfasst einen Liebesbrief:

Dear Bille,

Yours, Jasper

✗ **Du kannst den Brief auf Englisch,**
Deutsch oder Denglisch fortsetzen.

Literatur-Kartei: *„Das Austauschkind"*

© Verlag an der Ruhr | Postfach 10 22 51 | 45422 Mülheim an der Ruhr | www.verlagruhr.de

Ein Jahr später

Du fragst dich sicher, wie es mit Ewald, Jasper und Bille weitergeht,
nachdem Jasper zurück nach England geflogen ist.

✗ **Notiere die wichtigsten Fragen,**
auf die du gerne eine Antwort wüsstest.
- **Hat Bille noch Kontakt mit Jasper?**
- **Kommen Ewald und Bille jetzt besser**
mit ihren Eltern zurecht?

_____

_____

✗ **Jetzt bist du als Schriftsteller bzw. Schriftstellerin**
gefragt. Schreibe ein Abschlusskapitel mit der Überschrift
***„Ein Jahr später".* Behalte die Erzählperspektive Christine**
Nöstlingers bei: Stell dir vor, du bist Ewald und
berichtest aus seiner Sicht.

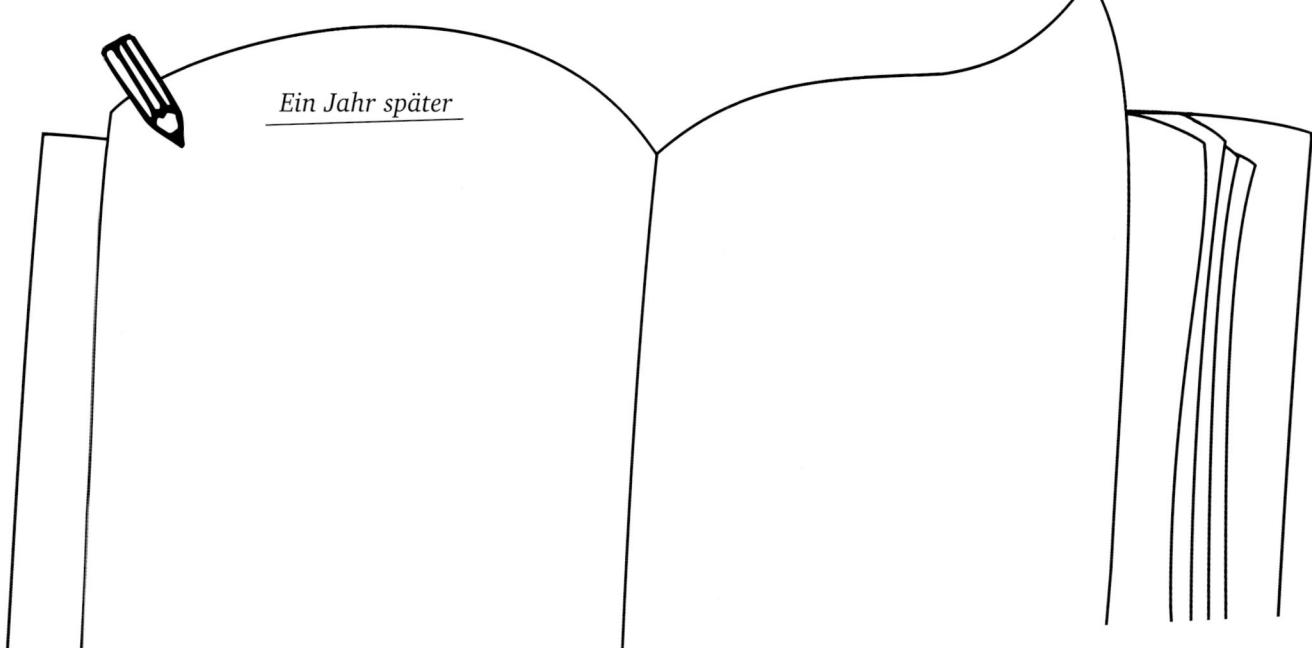

Ein Jahr später

Literatur-Kartei: *„Das Austauschkind"*

© Verlag an der Ruhr | Postfach 10 22 51 | 45422 Mülheim an der Ruhr | www.verlagruhr.de

Links und Tipps

zur Autorin Christine Nöstlinger:

www.literaturhaus.at/headlines/2001/10/10/

www.buchklub-steiermark.at/autoren/noestlinger.htm

zu den Büchern von Christine Nöstlinger:

www.stuttgart.de/chilias/literatur/aut_m-r/noestling/books.html

zum Thema Schüleraustausch:

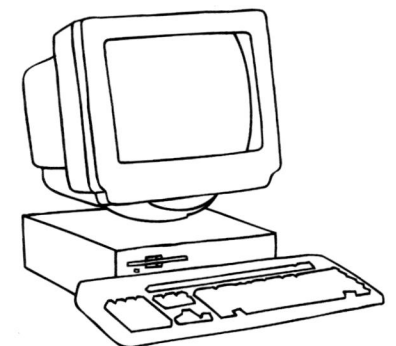

www.schueleraustausch.de

www.schueleraustausch-online.de

www.ausgetauscht.de

www.bildungsserver.de/zeigen.html?seite=464

Projekt der 7. Klasse
des Thomas-Mann-Gymnasiums Oschatz
zu Nöstlingers Austauschkind:

www.people.freenet.de/SCHNABEL/austauschkind_start.htm

www.verlagruhr.de
Da sich Internetadressen schnell verändern können, finden Sie
auf unserer Homepage unter dem Titel *Literatur-Kartei: „Das Austauschkind"*
eine stets aktualisierte Linkliste aller Internetadressen aus dieser Mappe.

Hörbuch

Christine Nöstlinger,
Das Austauschkind,
1 Kassette,
Erzähler: Max Müller,
Jumbo Neue Medien, 1996.
ISBN: 3-89592-068-1

Literatur-Kartei: *„Das Austauschkind"*